공존형 한반도 평화체제를 통한 남북연합(南北聯合)의 법적 쟁점과 추진 과제

김태원·남광규·여현철 공저

공존형 한반도 평화체제를 통한 남북연합(南北聯合)의 법적 쟁점과 추진 과제

발행일 2025년 8월 26일

저 자 김태원, 남광규, 여현철

발행인 남광규

발행처 도서출판 매봉

등 록 제6-479호

주 소 서울시 영등포구 국회대로 800

ISBN 978-89-92799-34-8 93340

정 가 10,000원

공존형
한반도 평화체제를 통한
남북연합의
법적 쟁점과 추진 과제

도서출판 매 봉
2025

목 차

※ 이 저서는 2022년 대한민국 교육부와 한국연구재단의 지원을 받아 수행된 연구임
(NRF-2022S1A5B5A17047194)

제1장

문제 제기

01 연구배경 및 필요성

2025년은 대한민국이 광복 80주년을 맞아 한반도의 분단과 통일을 재인식함으로써 미래지향적 대북·통일전략이 요구되는 중요한 시점이다. 무엇보다 오늘날 우리가 마주하고 있는 복합적 다극화 국제질서, 북한의 핵 위협 고도화에 따른 사실상 핵 보유국화, 남북관계의 '적대적 두 국가' 선언 등 북한의 현 상황을 종합적으로 고려할 때, 지나온 대북·통일정책 관련한 재고찰을 바탕으로 광복 80주년의 역사적 의미를 되새기며 한반도의 평화적 통일을 위한 방향성에 대한 고민이 긴요하다.

본 연구는 분단 이후 한반도를 둘러싸고 대립과 갈등의 국면으로 점철되어 온 과거를 벗어나, 한반도 평화체제(Korean Peninsula Peace Regime)정착을 위한 변화를 완만하게나마 지속하고자 이어졌던 노력에 주목하였다. 기존의 평화공존(平和共存) 의미로부터 착안하여 종래에 없던 정치적·법적 개념으로서 '공존형 평화체제(Coexistential Peace Regime)'를 통한 미래지향적 한반도 통일을 구상하고, 남북한 간의 통합 형태로서 '남북연합(南北聯合; Korean Commonwealth)'을 중심으로 한 법적 검토를 주목표로 삼아 진행되었다. 향후 통일한국(統一韓國)이 한반도의 항구적이고 공고한 평화체제를 구축, 나아가 동아시아의 평화와 번영을 이끄는 주체가 되는 데에도 연구의 궁극적인 목적을 두었다. 보다 세부적인 목표는 다음과 같이 설정하였다.

첫째, 공존형 한반도 평화체제 관련 정치적·법적 논의 및 발전 방향
: 공존형 평화체제 의미와 남북한 특수관계론의 재고찰

둘째, 남북연합의 주요 법적 쟁점
: 국가보안법 개폐(改廢) 문제 및 남북연합의 과도적(過渡的) 성격에 관한 검토

셋째, 남북연합을 위한 향후 추진 과제
: (가칭)남북연합조약, 남북연합기구, 남북연합헌법(통일헌법) 관련 논의

오늘날 한반도 통일은 한민족의 역사적 과업으로서 우리가 직면한 현실적 문제이자 종국에 세계 유일의 분단국 통합을 지향하는 다음 세대의 시대적 요구이다. 그동안 남북관계는 분단 이후 정전협정 체제 하에서 북한의 핵실험 및 미사일 도발에 따른 국제사회의 대북제재와 국내외적 정치지형의 변화에 따라 한반도의 평화 정착을 위한 노력을 지속해 왔다. 남북한은 화해와 갈등을 수없이 반복하며 극한 상황과 극적 상황 가운데 급변하는 국제정세를 연출해 왔다. 문재인 정부 시절, 한반도 정세는 〈2018 평창 동계올림픽〉을 계기로 〈4.27 판문점 선언[1]〉, 관련국 간 정상회담 그리고 〈3차 평양 남북정상회담〉 등에 이르며 남북대화가 급속도로 진행된 바 있다. 그러나 2018년 〈6.12 하노이 북미정상회담〉 결렬 이후 한반도의 평화 정착 논의가 사실상 답보상태에 머무르게 되었고, 이후 북한의 연이은 미사일 도발이 이어졌다. 윤석열 정부가 들어서며 남북관계는 갈등과 반목의 시간이었던 과거 2017년 이전으로 회귀한 후, 2023년 12월 김정은 국무위원장의 '적대적 두 국가' 선언까지 등장하였고, 지난 6월 이재명 정부 출범이 있었다.

1) 2018년 4월 27일 제3차 평양 남북정상회담에 따른 「한반도의 평화와 번영, 통일을 위한 판문점 선언」

이처럼 험난한 상황에도 불구하고, 한반도를 둘러싼 정치지형이 기존 냉전 대립 체제의 종식 논의를 위한 공존과 평화를 향한 새로운 변화의 노력은 지속되어야 한다. 이러한 배경 하에서, 지금까지 한반도를 바라보던 대립과 갈등의 시각에도 상응하는 변화가 요구된다. 이제껏 한반도 통일 관련한 선행 연구에서 일반화된 '급진적(急進的)' 또는 '점진적(漸進的)' 분류는 형태와 방식에 있어서 여전히 하나의 준거점으로 기능한다. 본 연구는 남북한 간 통합 형태를 강구하는 기본적 관점이 '대립(對立) → 병존(竝存) → 공존(共存)'으로 발전양상을 보이는 점에 착안하여 한반도 통일에 있어 '공존'의 관점이 지닌 의미에 보다 집중함으로써 새로운 접근을 시도하고자 한다. 이제는 공존과 평화를 중심으로 한 새로운 한반도 통일 패러다임, '공존형 평화체제'(Coexistential Peace Regime)를 통한 한반도 통일과 이에 따른 법적 고찰의 필요성이 제기되는 시점이다.

우선, 한반도의 평화 정착을 위한 남북한 간의 논의가 정전협정 체제 하 과거로의 회귀와 미래를 향한 진전을 수없이 반복해 왔던 과정 속에서도 공존형 평화체제로의 전환이 완만하게나마 지속되고 있는 현 상황을 진단한다. 공존형 한반도 평화체제 관련 정치적·법적 논의를 통해 「남북기본합의서[2]」에 따른 우리 정부의 공식 통일방안으

2) 1991년 12월 13일 제5차 고위급회담에 따른 「남북사이의 화해와 불가침 및 교류협력에 관한 합의서」

로 '민족공동체 통일방안'과 분단국 특수성에 해당하는 '남북한 특수관계론'을 토대로 남북한 특수관계가 내포하는 그 의미와 가치를 반추한다. 나아가 공존형 한반도 평화체제를 향한 변화의 흐름에 부합하는 남북한 특수관계론의 발전형 및 변모양상을 동시에 강구한다.

이를 토대로 남북한 통합 형태로서 '남북연합(南北聯合; Korean Commonwealth)'을 중심으로 법적 쟁점과 추진 과제를 검토할 것이다. 남북연합은 노태우 정부의 '한민족공동체 통일방안'에서 처음 등장해 김영삼 정부의 '민족공동체 통일방안'으로 계승되었다. 즉, 완전한 통일국가로 가는 과정에서 잠정적으로 형성된 과도적(過渡的) 통일체제로 규정한다. 이는 이질적 체제를 상당 기간 유지하고 있는 남북한이 '통일한국'으로 바로 나아가기 어려운 만큼, 서로를 인정하며 동질화를 추구하는 중간 단계가 필요하다는 의미이다.

본 연구는 남북한 간의 교류·협력이 공전하는 현 상황을 극복하기 위해 보다 안정적으로 남북관계가 구축되어야 한다는 사실에 착안하였다. 남북연합 관련한 기존 선행연구들은 대부분 정치학 관점에서 접근하거나 분야별 논의가 주를 이루고 있으며, 법학 분야의 연구는 상대적으로 비중 있게 다뤄지지 않고 있는 실정이다. 그러나 남북연합의 추진을 위해서는 무엇보다 법적 검토를 통한 실체적 논의가 중요하다. 따라서 본 연구는 남북연합 관련 법적 쟁점을 확인하는 동시에 유럽연합(European Union, EU)[3] 통합 사례가 한반도에 갖는 시사점을 중층적으로 검토함으로써 남북연합의 추진 과제를 고찰하는 데에 주목적이 있다. 이는 남북연합, 즉 남북한 통일정책 및 제도 통합 연구에 있어서 시의성 있는 정책적 함의를 지닐 것으로 예상된다.

3) 유럽연합(EU) 설립의 결정적 계기는 유럽석탄철강공동체(European Coal and Steel Community, ECSC)를 설립하는 파리조약(Treaties of Paris)에 서명한 것이다. 이후, 다시 유럽경제공동체(European Economic Community, EEC)와 유럽원자력공동체(European Atomic Energy Community, EAEC; Euratom)를 설립하는 로마조약(Treaty of Rome)에 서명하며, ECSC, EEC, Euratom 3개의 공동체로 이뤄진 유럽공동체(European Community, EC)가 출범하였다.

02 연구 내용

1. 공존형 평화체제를 통한 한반도 통일

가. 평화공존

평화공존(peaceful coexistence)은 전통적으로 사회체제를 달리하는 국가 사이에 무력을 통해 상호 호소하지 않은 채, 평화적으로 공존하는 상태나 정책을 일컫는 개념으로 사용되었다. 동 개념은 소비에트 국가 성립 이후 자본주의와 사회주의, 서방과 동방의 평화공존이 가능하다는 주장으로 제기되어 왔으며 중국 저우언라이(周恩來) 총리가 체제가 상이한 인도와의 티베트 문제 관련한 외교협상에서 평화공존 5원칙을 대외적으로 표명하면서 정치적·법적 의미가 가중되었다. 한반도 분단 역시 이질적 체제를 가진 남북한이 어떻게 평화공존을 이룰 것인지에 따라 궁극적 통합의 실현 여부가 결정될 것이다. 우리의 한반도 통일정책은 정부 교체시마다 정책

방향과 내용이 바뀌며 때로는 정쟁의 대상이 됨으로써 일관성 있게 추진되지 못하는 한계를 지녀왔다. 그러한 가운데 현재 평화와 번영의 한반도를 실현하기 위한 정책 비전으로서 '평화·공존·번영'이 제시되고 있다. 평화 공존이 남북한 간의 통합에 갖는 함의는 '공존'이 지닌 의미의 분석 및 해석을 얼마나 다층적으로 할 수 있는지에 따라 결정될 것이다. 단순히 상호 간 실체를 인정하는 것만으로 공존의 의미를 충족시킬 수 없다. 이는 자구(字句) 해석에 따라 '공존' 보다 '병존'에 가까운 것으로, 공존은 남북한 간의 상호 신뢰와 협력에 기반한 상호 존재의 인정이다. 이러한 관점에서 한반도 통일은 과거의 급진적 통일에서 오늘날 점진적 통일로 그 지향점이 이동되어 왔다. 이제 공존형 평화체제를 통한 남북통합의 가치, 남북연합으로 한 걸음 더 나아가야 할 시점이다.

나. 공존형 평화체제에 따른 남북한 특수관계론의 재고찰

헌법 제3조에서 "대한민국의 영토는 한반도와 그 부속도서로 한다"라고 규정하고 있으며, 제4조 "대한민국은 통일을 지향하며 자유민주적 기본질서에 입각한 평화적 통일정책을 수립하고 이를 추진한다"라고 명백히 하고 있다. 우리 대법원 역시 기존 북한 체제가 우리의 자유민주적 기본질서에 여전히 위협이 되고 있음이 분명한 상황에서 현행 법체계에 따라 북한이 국가보안법상 반국가단체가 아니라고 할 수 없다는 입장을 견지한다. 물론, 국가만이 회원국 자격을 지니는 UN에 남북한이 동시 가입한 점, 동시수교국이 158개국에 달하며[4] 최근 정상회담이 추진되는 등 일련의 사정을 종합해 볼 때 북한의 국가성(國家性)을 현실적으로 인정하는 근거들도 상당하다. 그러나 남북관계를 대내적으로 '1민족 1국가 2체제 2정부'에 해당된다고 보는 우리 입장에서는 북한은 여전히 미수복(未收復) 지역 또는 불법집단이므로 서로 국가로서 승인하지 않는 것이다.

그러나 동시에 「남북기본합의서」에 따라 상대방의 실체를 인정함으로써 세계 유일의 분단국이 지닌 고유의 특수성을 보인다. 현재 남북한 간의 한반도 평화 정착 논의에 있어 별다른 진전이 보이지 않으나, 「7.4 남북공동성명(1974)」 이후 「남북기본합의서(1992)」, 「6.15 남북공동선언(2000)」, 「10.4 남북정상선언(2007)」 그리고 「4.27 판문점선언(2018)」에 이르기까지 한반도 평화체제 구축을 위해 남북관계는 급진전을 이루기도 하였다. 분단 이후 남북한의 통일방안 및 정책이 변화를 거듭해 오는 과정에서 우리 연합제안과 북한의 낮은 단계의 연방제안의 공통점을 6.15 남북공동선언에서 확인, 남북한이 당장 법적·제도적 통일을 실현하는 것이 아니라 서로 현 체제를

4) 외교부 외교관계수립현황, http://www.mofa.go.kr/www/wpge/m_4181/contents.do

인정하고 평화적으로 공존하면서 교류 협력을 통해 점진적·단계적으로 사실상의 통일을 실현해 나가는데 합의하였다. 공존형 평화체제를 통한 한반도 통일 관련 논의는 남북한 특수관계의 기존 의미와 가치를 반추하여 공존과 평화의 움직임에 상응하는 변화를 강구해야 할 필요성을 제시한다. 즉, 현행 헌법상 가치를 인정하면서도 남북한 특수관계론이 공존형 한반도 평화체제 테두리 안에서 보다 발전적 방향으로 진일보 할 때, 비로소 남북연합을 실현할 수 있을 것이다.

2. 남북연합(南北聯合)의 법적 쟁점

남북연합(南北聯合; Korean Commonwealth)은 노태우 정부의 '한민족공동체 통일방안'에서 처음 등장해 김영삼 정부의 '민족공동체 통일방안'으로 계승되었다. 이른바 단계적 차원의 통일 개념으로서 노태우 정부에서 '남북대화 → 남북연합 → 통일국가'라는 3단계 통일방안이 김영삼 정부 들어서 구체화 되어 '화해협력 → 남북연합 → 통일국가'라는 통일방안으로 제시된 것이다. 즉, 남북한이 완전한 통일국가로 가는 과정에서 잠정적으로 형성되는 과도적(過渡的) 통일체제로서의 '남북연합'을 규정한다. 이는 이질적 체제를 상당 기간 유지하고 있는 남북한이 '(가칭)통일한국(統一韓國)'으로 바로 나아가기 어려운 만큼, 서로를 인정하며 동질화를 추구하는 중간

단계가 필요하다는 의미이다.

가. 국가보안법 개폐(改廢)

남북연합을 위해서는 북한의 실체를 부인하는 전제로 제정된 현행 「국가보안법」의 전면적 재검토가 필요하다. 그러나 현재 대법원과 헌법재판소 입장에 비추어 볼 때, 「국가보안법」이 남북관계의 이중성 중 일면을 반영하는 것이라는 논리에 따라 존치될 가능성도 배제할 수 없으므로 존치를 전제로 일부 개정 방식이 고려된다.

남북연합의 실현을 위한 검토 사항으로는 첫째, 동 법 제2조의 반국가단체의 정의와 관련해 정부참칭조항의 삭제가 해당된다. 동 조항이 유지될 경우, 북한은 대남적화활동과 관계없이 당연히 반국가단체가 되는데, 이는 「남북기본합의서」 제1조의 상호 실체 인정 및 존중의 정신에 위반될 소지가 있다. 또한 〈남북정상회담〉 및 〈공동선언〉에 따라 합의한 남북한 간의 상호 실체를 인정하는 전향적인 태도와 배치되므로 해당 조항을 '국가변란을 목적으로 하는 결사'로 제한하는 방안을 고려할 수 있다. 둘째, 「국가보안법」 위반사범의 약 90% 이상이 동 법 제7조 찬양·고무죄와 관련됨을 감안할 때, 해당 범죄 처벌의 구성요건을 엄격히 제한하여 적용해야 할 것이다. 이 외에도 불고지죄(不告知罪), 이적표현물에 관한 죄 등 개정조항 관련 논의가 필요하다.

나. 남북연합의 과도적(過渡的) 성격

남북연합을 과도기적 체제로 볼 것인지, 혹은 장기적 체제로 볼 것인지에 따라 국가연합, 즉 남북연합의 안정성 문제가 쟁점이 될 수 있다. 일반적으로 국가연합을 연방제로 가기 위한 과도적 단계로 파악해 왔으며, 우리의 '민족공동체 통일방안'에서 남북연합 단계도 '단일국가'로 가기 위한 과도적 단계로 설정되어 있을 뿐만 아니라, 북한의 '낮은 단계의 연방제'도 '연방제 통일국가'로 가기 위한 전(前) 단계이다. 남북연합 추진의 최종 목표가 남북한 통합, 즉 '통일한국'이라고 상정한다면, 남북연합 구성단계에서부터 통일 관련한 논의를 시작하기보다는 초기에는 한반도 평화체제의 구축에 초점을 맞추고, 이후 점진적으로 단일국가와 연방국가 중 통일국가의 최종형태를 결정하는 것이 바람직하다고 판단된다.

3. 남북연합(南北聯合)을 위한 추진 과제 : 유럽연합(EU) 통합 사례를 중심으로

가. 남북연합조약의 체결

「유럽연합조약(Treaty on European Union, TEU; 마스트리히트조약, 1991)」 관련 사안이다. 1980년대 중

반 이후, EU 회원국 간 정치와 외교 협력을 강화하고 독일통일과 냉전체제 붕괴에 따라 소련에 맞서 외교·안보 분야에서 일관된 입장 정립이 요구되었으며, 유럽공동체(EC)의 정책 결정 과정을 효율적·민주적으로 만드는 제도적 측면의 유럽통합이 1987년 「단일유럽의정서(Single European Act, SEA)」를 통해 진전을 이루었다. 단일유럽의정서는 「로마조약(Treaty of Rome, 1957)」의 일부 개정을 통해 '가중 다수결(Qualified Majority)[5]'을 채택하여 공동체의 정책 결정 과정을 효율화하고 유럽의회(European Parliament) 입법권을 개선하면서 의회 권한을 강화시켰다. 「유럽연합조약」은 새로운 공동결정 절차의 도입, 유럽의회에 특정분야 관련 거부권 부여, 협력절차의 확대, 각료이사회의 의사결정 시 만장일치가 아닌 가중 다수결을 채택, 유럽재판소(European Court of Justice)의 판결 또는 유럽연합법(EU Law) 위반 국가에 유럽재판소가 제재를 가할 수 있도록 하였다.

남북연합 관련해 법적 기초를 명확하게 만들기 위한 남북합의와 그 방식에 대한 고민이 필요하다. 법적 구속력이 없는 '선언(declaration)'보다 '조약(treaty)' 체결이 보다 적절할 것으로 판단된다는 점에서[6], 동서독 통일과

5) 가중 다수결은 일차적으로 찬성하는 국가의 수가 55%(27개국 중 15개국), 이차적으로 찬성하는 국가들이 유럽연합 전체에서 차지하는 인구수가 65%를 넘어야지만 안건이 채택될 수 있다는 것이다.

6) 선언(declaration)은 "자국의 방침이나 주장을 타국에 정식으로

정의 「통일조약(Einigungsvertrag)」보다는 유럽연합을 출범시켰던 「유럽연합조약(마스트리히트조약)」과 법률적 형식 및 역사적 과정 면에서 성격상 유사성이 높다.(Ryszard W. Piotrowicz 1991, 639-640) 「남북연합조약」은 남북한의 국가적 정체성의 변화를 함축하며, 다양한 차원의 변화를 동반할 수밖에 없으므로 남북한의 국내법에 따라 비준동의를 반드시 거쳐야 한다. 「남북연합조약」의 주요 내용은 남북한의 국가적 자율성과 독립성을 존중하는 전제에서 「남북기본합의서」 및 한반도 평화체제 관련한 사항을 기본으로 남북연합의 조직 및 기구, 외교·안보에서의 공동영역 설정, 경제협력 및 공동체 추진, 사회·문화적 교류·협력, 남북연합의 공동법제 창출 및 이행 등 해당 사항 관련된 부속합의서를 포함할 것이다.(이무철 외 2019, 213)

공표하는 정치적 행위"이며, 조약(treaty)은 "단일의 문서에 또는 둘 또는 그 이상의 관련 문서에 구현되고 있는가에 관계없이 또한 그 특정의 명칭에 관계없이, 서면 형식으로 국가간에 체결되며, 또한 국제법에 의해여 규율되는 국제적 합의"이다.

나. 남북연합기구의 설치 및 운영

「유럽연합조약」은 유럽연합의 핵심기구로서 경쟁 관계를 이루는 '각료이사회(Council of the EU)'와 '유럽의회(European Parliament)'에게 유럽연합의 중요한 정책 결정에 있어 동등한 행위자로서 영향력 행사 권한을 강화하였다. '집행위원회(European Commission)'는 전통적으로 유럽연합의 전체 이익을 대변하는 기구로 발전한 반면, '각료이사회'는 회원국들의 국익을 보호하였다. 한편, '유럽의회'는 1986년 「단일유럽의정서」의 채택으로 의회의 권한을 확대해 「유럽연합조약」에 의해 결정권이 더욱 증대되었으며, 각료이사회 공동입장에 동의 또는 결정 보류가 가능한데 이 경우 법률로서 효력이 발생한다. 반면, 유럽의회 의원 대다수는 각료이사회 공동입장을 거부 또는 수정할 수 있다. 각료이사회는 유럽의회가 안건에 대해 결정을 거부할 시 조정위원회(Conciliation Committee)를 개최해 의견을 조정하고 안건을 수정할 수 있고, 심의 이후 유럽의회는 조정안을 과반수로 거부하거나 수정안 제시가 가능하다. 수정안의 경우, 각료이사회는 집행위원회 동의 시 3개월 이내 수정안을 가중 다수결에 의해 통과시킬 수 있고, 집행위원회가 수정안 거부 시 각료이사회의 만장일치에 의해 수정안을 통과시킬 수 있다. 이 경우 법률안은 정식적으로 법률이 되나, 각료이사회가 수정안에 대해 동의하지 않는 경우 각료이사회 이사장과 유럽의회 의장은 조정위원회를 소집해 각료이사회는 가중 다수결로, 유럽의회는 과반수 동의로 수정안을 통과시킬 수 있으나 한 곳이라도 수정안을 부결하면 폐기된다.(김영훈 2020, 89-94)

남북연합의 초기에는 '남북정상회의'와 '남북각료회의'의 역할과 기능이 강조되며 주된 합의가 도출되고 하위 집행기구에서 합의를 이행 및 실천하는 구도로 운영되겠지만, 남북연합이 점차 정착됨에 따라 입법기관인 '남북평의회', 집행기관인 '공동사무처' 및 여타 기구의 역할과 비중이 증대될 것이다. 한편, 남북한 간 현안의 복잡다기함을 감안해 남북각료회의 산하에 분야별 상임위원회를 설치해 소관업무를 전담하게 하는 방향으로 운영할 필요가 있다. 또한 남북연합기구의 권한, 인원구성, 회기, 의사진행방식, 의사결정방식 등 별도의 세부합의서를 채택하고, 남북연합 단계에서는 남북한 주민들 간 또는 단체 간 각종 분쟁에 대비하여 분쟁조정기구를 설치하는 것이 필요하다.

다. 남북연합헌법(통일헌법)의 제정

「남북연합헌법」은 국가연합과 연방국가의 중간 형태를 규정하는 법적 형식이라고 할 수 있다. 지난 2004년 유럽연합은 「유럽연합헌법」의 채택을 시도하였으나, 2007년 유럽연합 정상회의에서 「유럽연합헌법 제정 초안(Draft Treaty establishing a Constitution for Europe)」이 부결되었다. 이에 유럽연합의 초국가적 성격과 헌법기관의 특성을 드러내는 명칭과 상징을 삭제한 「유럽연합 개정조약(EU Reform Treaty; 리스본조약)」을 마련하여 비준을 완료하였다.[7] 유럽연합의 유럽연합헌법 채택 시도는 국가연합 발전 과정의 실패 경험에 해당한다. 그러나 유럽연합이 「리스본조약(Treaty of Lisbon)」을 통해 「유럽연합헌법」에 버금가는 통합력의 제고를 이룬 역사는 우리 연합제안과 북한의 낮은 단계 연방제안을 보다 역동적으로 발전시킬 수 있는 창조적 방안을 강구하는 데에 남다른 시사점을 제공할 것이다.

---

7) 외교부, 『유럽연합 개황』(2015); EU, https://europa.eu/european-union/about-eu_en

03 기대 효과 및 활용 방안

2023년 12월, 북한은 노동당 중앙위원회 제8기 제9차 전원회의 시, 남북관계를 '더 이상 동족관계 및 동질관계가 아닌 적대적인 두 국가관계'로 선언하였다. 이러한 김정은 위원장의 발언으로 너 이상 남북관계는 특수관계라 아니며, 남한을 별개의 국가, '대한민국'으로 간주하겠다는 입장을 천명한 것이다. 이에 과거 남북연합을 민족공동체 통일방안의 과도적 단계로서 접근하는 차원의 논의가 이뤄져 왔던 연구의 배경에도 큰 변화를 맞게 되었다. 2025년 현재, 전 세계가 국제질서의 불안정성 심화와 함께 글로벌 복합위기 시대에 도래한 상황에서 남북관계 역시 대전환기를 맞이하게 된 것이다.

이러한 대내외 환경 변화에 따라, 본 연구는 단순히 남북연합의 법적 쟁점과 추진 과제를 살펴보는 것에서 나아가, 북한의 두 국가관계 선언에도 불구하고 우리 헌법상 평화적 통일을 위한 노력을 검토하는 차원에서 한반도의 평화통일을 위한 통일·대북정책 관련 논의를 심화시키는 기본 토대로서의 역할을 수행할 것이다.

첫째, 공존형 한반도 평화체제 및 남북연합 관련한 한반도 통일 정책 연구의 방향을 제시한다. EU 통합 사례를 중심으로 하는 남북연합 관련 연구는 학술적·정책적 측면에서 시의성 있는 입법정책 참고자료로서 활용 가능하다.

둘째, 학제 간 융합을 통한 북한 및 통일 문제 연구에 기여할 것이다. 공존형 한반도 평화체제를 통한 남북연합의 주요 쟁점을 다각도에서 보다 입체적으로 고찰하기 위해서는 남북한을 중심으로 주변국의 한반도 공존과 평화에 대한 입장의 분석도 중요하다. 공존형 한반도 평화체제와 남북연합은 정치적·법적 성질을 동시에 지니는 개념으로서 '한반도 평화체제'라는 시·공간 중심으로 연구내용과 논의 전개 양면에서 다차원적인 검토가 필수적이다.

셋째, 후속적 추가 연구의 지속 및 확장에 용이하다. 후속 세부 주제로는 남북연합조약, 남북연합기구, 남북연합헌법(통일헌법) 등 각종 정책 제언이 가능하다.

제2장

남북연합의 법적 쟁점

01 남북한 특수관계

최근 남북연합을 국가연합의 유형으로 파악하고 이를 적용하는 경향이 나타나고 있지만, 현실적으로 남북한을 서로 국가로서 인정하는 문제는 정치적으로 첨예한 쟁점이다. 1991년 남북한은 UN에 동시 가입하였을 뿐만 아니라, 동시수교국이 158개국에 달하며[8] 최근 정상회담을 추진하는 등 국제사회에서 독립적인 2개의 주권국가로서 인정되며, 남북한 지역에서 각각 독립된 정부가 실질적인 지배를 행사하고 있다. 이처럼 남북한은 모두 UN 회원국으로서 각기 독립된 정부가 실제로 통치하고 있는 서로 다른 2개의 주권국가로서 국제적으로 인정받고 있다. 그럼에도 불구하고 남북한은 남북관계를 "통일을 지향하는 민족의 특수 관계"로 규정한다. 이는 남북한이 상호 간에 국가로 인정한다는 것이 분단의 고착화를 의미하는 것으로 받아들여지기 때문이다.

---

8) 외교부 외교관계수립현황,
http://www.mofa.go.kr/www/wpge/m_4181/contents.do

우리 「헌법」 제3조는 "대한민국의 영토는 한반도와 그 부속도서로 한다"라고 규정하며, 영토의 범위를 북한 지역을 포함한 한반도 전체와 부속도서로 하여 북한을 국가로 인정하지 않고 있다. 동시에 제4조에서 "대한민국은 통일을 지향하며 자유민주적 기본질서에 입각한 평화적 통일정책을 수립하고 이를 추진한다"라고 명백히 한다.[9)]우리 대법원도 기존 북한 체제가 우리의 자유민주적 기본질서에 여전히 위협이 되고 있음이 분명한 상황에서 현행 법체계에 따라 북한이 「국가보안법」상 반국가단체가 아니라고 할 수 없다는 입장을 견지한다.[10)] 남북연합의 국가연합적인 성격을 공식적으로 인정하게 되면, 「헌법」 수정 문제가 제기되거나 '분단 고착화'라는 비판에 직면할 수 있다. 따라서 남북연합의 남북관계는 기본적으로 국가연합적인 속성을 가지나, 동시에 남북한 특수관계론적 측면에서 접근해야 할 것이다.

이러한 특수한 상황을 고려해 남북한은 남북기본합의서에서 남북관계를 "통일을 지향하는 과정에서 잠정적으로 형성되는 특수 관계"라고 규정하고 있다. 우리 정부가

---

9) 대한민국헌법, 헌법 제10호, 시행일 1988.02.25., 전부개정, 국가법령정보센터,
https://www.law.go.kr/LSW/lsInfoP.do?efYd=19880225&lsiSeq=61603#0000

10) 대법원 1993. 7. 23. 선고 98두14525 판결; 대법원 1997. 2. 28. 선고 96도1817 판결, 대한민국 법원 종합법률정보,
https://glaw.scourt.go.kr/wsjo/intesrch/sjo022.do

남북연합의 영문 표기에 있어서 'confederation'이 아니라 'commonwealth'를 사용하는 점도 동일한 맥락에서 해석 가능하다. 여기서 'commonwealth'란 낮은 단계의 국가연합을 의미하며, 국제법의 규율을 받지 않고 국내법 또는 국내법에 준하는 특수한 법적 유대를 갖춘 특수한 결합체로 간주한다. 즉, 남북한은 이 단계에서 국가연합 내 각기 주권을 가지나, 남북한 간의 협약 등 국내법적 협정으로 간주되는 것은 아니다. 통일필수론과 통일반대론을 일정 정도 절충한 방식으로 볼 수 있으며[11], 통일을 지향하되 급격한 통일이나 준비되지 않은 상태의 통일을 추구하지는 않겠다는 의미이다. 이는 남북한이 서로 별개의 국가로 존재하지만 남북관계의 특수성을 감안할 뿐만 아니라, 남북관계의 제도화 및 통일기반 조성 차원에서도 보다 유리하다는 판단이 작용한 것으로 보인다.

11) 통일필수론의 가장 큰 명분은 전쟁 위험 종식은 남북 간의 적대관계를 청산, 평화체제를 구축하여 남북이 교류하며 평화 공존하는 것으로 성립시키는 것이며, 통일반대론은 경제, 정치체제 문제는 남북 간 체제를 분리시킨 상태에서 장기간의 교류를 통해 점진적으로 통합해 나간다는 구상이다.

02 국가보안법 개폐

기본적으로 남북연합과 관련한 국가보안법의 주요 법적 쟁점으로는 북한의 법적 지위와 국가보안법 적용의 모순, 타 법률과 국가보안법 간의 충돌, 사회적 갈등과 기본권 제한, 국제법 및 대외정책과의 관계 등이 있다. 이에 대해 국가보안법의 단계적 개정 또는 폐지와 남북교류협력법, 남북관계발전법 등 타 법률과의 정합적 정비 필요, 남북관계 현실에 조응하는 적용 실무 조정 및 사회적 합의 절차 강화 등 논의가 해당된다.

다시 말해, 남북연합의 추진을 위해서는 북한의 실체를 부인하는 전제로 제정된 현행 「국가보안법[12]」의 전면적 재검토가 필요하다. 그러나 현재 대법원과 헌법재판소의 입장에 비추어 볼 때, 「국가보안법」이 "남북관계의 이중성 중 일면을 반영하는 것"이라는 논리에 따라 존치될 가능성도 배제할 수는 없으므로 존치를 전제로 하

12) 국가보안법, 법률 제13722호, 시행일 2017.07.07., 타법개정, 국가법령정보센터, https://www.law.go.kr/LSW/lsInfoP.do?lsiSeq=116750#0000

는 일부 개정 방식이 고려된다. 향후 남북연합 추진을 위한 국가보안법 개정 방안에는 남북관계 변화를 반영한 조문 정비, 인권 및 기본권 보장 강화, 현행 국가보안법과 타 법령 간 이중적 적용 해소, 단계적·점진적 접근 및 사회적 합의 정차, 국가안보 최소요건 보장 등이 포함되어야 할 것이다.

남북연합의 실현을 위한 검토 사항으로는 첫째, 「국가보안법」 제2조의 반국가단체의 정의와 관련해 정부참칭조항의 삭제가 해당된다. 동 조항 유지 시, 북한은 대남적화활동과 관계없이 당연히 반국가단체가 되는데, 이는 「남북기본합의서」 제1조의 상호 실체 인정 및 존중의 정신에 위반될 소지가 있다. 또한 〈남북정상회담〉 및 〈공동선언〉에 따라 합의한 남북한 간의 상호 실체를 인정하는 전향적인 태도와 배치되므로 해당 조항을 '국가변란을 목적으로 하는 결사'로 제한하는 방안을 고려할 수 있다.

둘째, 「국가보안법」 위반사범의 약 90% 이상이 동 법 제7조 찬양·고무죄와 관련됨을 감안할 때[13], 해당 범죄 처벌의 구성요건을 엄격히 제한하여 적용해야 할 것이다. 일차적으로 찬양·고무죄를 삭제하도록 하되, 불가능

13) "국회는 국가보안법 7조부터 폐지하라" 시민사회 3천명 선언, 《민중의 소리》,
2021년 3월 25일자,
https://www.vop.co.kr/A00001550819.html

할 경우에는 명백하고 현존하는 위험이 존재, 선전·선동이나 위계 등의 불법적 요소 존재, 옥외의 장소에서 불특정 다수인을 대상으로 찬양·고무 등의 행위를 할 것 등 구성요건을 엄격히 제한하여 적용하는 것이 바람직하다. 이는 헌법 제37조에 명시된 국가안보 유지의 공익적 필요와 표현의 자유 간의 조화를 기하면서 인권침해의 소지를 상당히 줄일 수 있을 것이다. 한편, 「국가보안법」 제7조 찬양·고무죄에 대한 폐지안이 지난 2021년, 17년 만에 국회에 발의된 바 있다.[14)]

이 외에도 불고지죄(不告知罪), 이적표현물에 관한 죄 등 개정조항 관련 논의가 필요하다.(제성호 2002, 112-115) 그동안 불고지죄의 처벌은 양심의 자유를 침해하는 것이라는 비판이 제기되어 왔다는 점을 고려해, 가능한 '폐지'를 고려하되, 여의치 않을 경우, '친족 간에 있어서는 불고지죄의 성립을 부정하도록' 하는 방안을 고려할 수 있다. 이적표현물에 관한 죄와 관련해서는 우선

14) 2021년 10월 15일 더불어민주당 민형배 의원 등 21명의 국회의원이 공동으로 국가보안법폐지법률안(의안번호 2112865)을 국회에 발의하였다. 발의에 참여한 공동의원은 민형배 의원을 비롯해 강민정, 김남국, 김승원, 김용민, 김홍걸, 민병덕, 박연순, 서동용, 설훈, 소병훈, 송재호, 양경숙, 양이원영, 양정숙, 윤미향, 윤영덕, 윤재갑, 이동주, 이재정, 최강욱 의원 등 21명이다.
국회 의안정보시스템,
https://likms.assembly.go.kr/bill/billDetail.do?billId=PRC_Z2C1A0K5P1V0X1Q7R1W1B1V2H6V8F4

적으로 이적표현물의 소지 또는 복사의 죄를 국가보안법에 의한 처벌대상에서 제외시키는 것이 바람직하나, 이적표현물의 취득, 판매, 반포 등의 범죄는 현행대로 존치하되, 남북관계 진전 및 우리 사회에 대한 영향을 종합적으로 고려해 단계적으로 폐지하는 것이 필요하다.

| 표 1 | 국가보안법 주요 조항

조항	내용
제2조 (정의)	① 이 법에서 "반국가단체"라 함은 정부를 참칭하거나 국가를 변란할 것을 목적으로 하는 국내외의 결사 또는 집단으로서 지휘통솔체제를 갖춘 단체를 말한다.
제3조 (반국가단체의 구성등)	① 반국가단체를 구성하거나 이에 가입한 자는 다음의 구별에 따라 처벌한다. 1. 수괴의 임무에 종사한 자는 사형 또는 무기징역에 처한다. 2. 간부 기타 지도적 임무에 종사한 자는 사형·무기 또는 5년 이상의 징역에 처한다. 3. 그 이외의 자는 2년 이상의 유기징역에 처한다. ② 타인에게 반국가단체에 가입할 것을 권유한 자는 2년 이상의 유기징역에 처한다. ③ 제1항 및 제2항의 미수범은 처벌한다. ④ 제1항제1호 및 제2호의 죄를 범할 목적으로 예비 또는 음모한 자는 2년 이상의 유기징역에 처한다. ⑤ 제1항제3호의 죄를 범할 목적으로 예비 또는 음모한 자는 10년 이하의 징역에 처한다.

조항	내용
제7조 (찬양·고무등)	① 국가의 존립·안전이나 자유민주적 기본질서를 위태롭게 한다는 정을 알면서 반국가단체나 그 구성원 또는 그 지령을 받은 자의 활동을 찬양·고무·선전 또는 이에 동조하거나 국가변란을 선전·선동한 자는 7년 이하의 징역에 처한다. ③ 제1항의 행위를 목적으로 하는 단체를 구성하거나 이에 가입한 자는 1년 이상의 유기징역에 처한다. ④ 제3항에 규정된 단체의 구성원으로서 사회질서의 혼란을 조성할 우려가 있는 사항에 관하여 허위사실을 날조하거나 유포한 자는 2년 이상의 유기징역에 처한다. ⑤ 제1항·제3항 또는 제4항의 행위를 할 목적으로 문서·도화 기타의 표현물을 제작·수입·복사·소지·운반·반포·판매 또는 취득한 자는 그 각항에 정한 형에 처한다. ⑥ 제1항 또는 제3항 내지 제5항의 미수범은 처벌한다. ⑦ 제3항의 죄를 범할 목적으로 예비 또는 음모한 자는 5년 이하의 징역에 처한다.

※ 출처: 국가법령정보센터

03 남북연합의 과도적(過渡的) 성격

남북연합을 과도기적 체제로 볼 것인지, 혹은 장기적 체제로 볼 것인지에 따라 국가연합의 안정성 문제가 쟁점이 될 수 있다. 남북연합은 일반적으로 통일을 지향하는 과도기적 체제로 인식되나, 동시에 일정 기간 동안 지속될 수 있는 장기적 체제 가능성도 존재한다. 과도기적 체제로 볼 경우, 남북연합은 통일 전 임시적 결합으로 제한된 기능과 권한만을 갖는 연합 형태가 된다. 그러나 장기적 체제로 본다면 남북 간 체제, 사상, 이념적 차이를 가진 상태에서 지속적으로 운영해야 하므로 안정성에 있어 큰 도전 요인이 될 수 있는 것이다.

일반적으로 국가연합을 연방제로 가기 위한 과도적 단계로 파악해 왔으며, 우리의 '민족공동체 통일방안'에서 남북연합 단계도 '단일국가'로 가기 위한 과도적 단계로 설정되어 있을 뿐만 아니라, 북한의 '낮은 단계의 연방제'도 '연방제 통일국가'로 가기 위한 전 단계이다. 민족공동체 통일방안에서 남북연합은 단일제 통일국가로 가기 위한 과도기로 설정되어 있다. 「6.15 남북공동선언」에서 연합제와 공통성이 있다고 한 북한의 낮은 단계의 연방제도 연방제 통일국가 완성 전 단계로 설정되어 있다. 북한이 주장하는 연방제가 국가연합과 유사한 측면이 있지만, 우리가 주장하는 남북연합과 다른 측면도 존재한다.

유럽연합의 경우, 현재 '연합'과 '연방' 제도의 공존과 결합이 이뤄지고 있다는 점에서 남한의 '연합제' 안과 북한 '연방제'의 공존과 결합에 대한 제도적 상상력을 발휘할 필요가 있다. 사실 80년 동안 상이한 체제와 이념을 유지 및 발전시켜 나가면서 경쟁을 해 온 남북한의 체제통합은 많은 시간과 비용이 소요될 수밖에 없으므로, 우선 평화공존과 협력의 제도화를 통해 남북연합을 안정적으로 유지해 나가는 동시에 상호 이질성을 극복하여 궁극적인 통합을 고민하는 것이 필요하다.

남북연합의 안정성 문제와 관련한 핵심 과제로는 법적 지위와 권한의 명확화, 남북연합기구 구성과 권력 분배 합의, 평화 보장 중재자 등 역할의 제도화, 사회적 합의와 공론화 과정 강화, 단계적·유연한 법·제도 운영 등이 포함될 것이다. 이러한 관점에서 남북연합 추진의 최종 목표가 남북한 통합, 즉 '통일한국(統一韓國)'이라고 상정한다면, 남북연합 구성단계에서부터 통일 관련 논의를 시작하기보다는 초기에는 한반도 평화체제의 구축에 초점을 맞추고, 점진적으로 단일국가와 연방국가 중

통일국가의 최종형태를 결정하는 것이 바람직하다고 판단된다.(이무철 외 2019, 299-300)

| 표 2 | 남북연합의 결합상태

	국가연합 (Confederation)	남북연합 (Korean Commonwealth)	낮은 단계의 연방제	유럽연합 (European Union)	연방제/ 연방국가 (Federation)
		남한	북한		
최종 목표	국가연합/ 연방 국가/ 단일국가	한민족 공동체 건설	고려민주연방 공화국	유럽연방	연방국가
통합 과정	-	화해협력 →남북연합 →통일국가	지역정부 외교·국방권 부여 → 연방국가	법·제도적 통합: 경제→ 사회→정치	-
과도 체제 (기구)	- 입법/행정/ 사법	- 남북정상회의 - 남북각료회의 - 남북평의회 (남북의회) - 공동사무처	- 최고민족 연방회의 - 연방상설 위원회	- EU정상회의 - 각료이사회 - 유럽의회 - 집행위원회 - 유럽사법 재판소	
최종 국가 형태	연방국가/ 단일국가	1민족 1국가 1체제 1정부 (단일국가)	1민족 1국가 2제도 2정부 (연방국가)	다민족 1국가 회원국정부 인정 (연방국가)	연방국가

	국가연합 (Confederation)	남북연합 (Korean Commonwealth)	낮은 단계의 연방제	유럽연합 (European Union)	연방제/ 연방국가 (Federation)
		남한	북한		
국제 법인격	- 국가연합: X - 구성국: O			- 유럽연합: △ - 유럽공동체: O - 회원국: O	- 연방국가: O - 구성국: X
결합 근거	조약 (국제법)			설립조약 (새로운 법질서)	연방헌법 (국내법)

※ 출처: 참고문헌을 종합하여 저자 작성

한편, 남북연합의 추진을 위한 법·제도적 토대를 마련하기 위해서는 남북연합의 법적 성격과 권한 분배 등에 있어 명확히 하고, 국가보안법, 남북교류협력법, 남북관계발전법 등 관련 법률을 남북관계 발전 상황에 맞춰 단계적·점진적으로 개정, 법률 간 충돌이 없도록 정합성을 확보하는 등 실질적 추진 방안에 대한 검토가 필수적이다.

제3장

남북연합을 위한 추진 과제
: EU 통합 사례를 중심으로

01 EU의 통합 및 발전 과정

유럽연합(EU)의 통합 및 발전 과정의 특징으로 첫째, 유럽지역통합은 '무기를 녹여 보습을 만들자, 즉 전쟁이 아니라 평화체제를 구축하자'를 실현한 전형적 사례로서 유럽석탄철강공동체(European Coal and Steel Community, ECSC)의 설립이 시발점이 되었다.[15] 석탄·철강 분야의 협력을 통해 수백 년에 걸친 독일과 프랑스 사이의 경쟁적인 관계를 극복하고, 양국 사이의 화해를 도모하였다. 이는 1950년 5월 9일 행해진 당시 프랑스의 외무부 장관이었던 로베르 슈망(Robert Schman)의 선언[16]에서 확인

15) Treaty establishing the European Coal and Steel Community, ECSC Treaty,
https://eur-lex.europa.eu/legal-content/EN/TXT/?uri=legissum:xy0022

16) The Schuman Declaration; 9 May 1950, European Union,
https://europa.eu/european-union/about-eu/symbols/europe-day/schuman-declaration_en,
"… 유럽 국가들이 통합되기 위해서는 수백 년간 지속된 프랑스와 독일 사이의 오랜 대립이 근절되어야 한다. … 석탄과 철

된다.(채형복 2008, 538) 남북경제공동체 설립의 사전단계로서 남북한 간의 협력 가능한 산업 분야를 정하고, 이를 통해 실현가능한 경제공동체를 발족해 정치·군사적 긴장을 완화하고 해소할 수 있을 것이다.

둘째, 유럽통합론자들은 유럽통합 과정에서 '비전 없는 비전'을 제시하였다. 즉, 청사진을 제시하지 않는다는 모네(Jean Monnet)의 원칙에 따라 급격한 통합보다는 점진적 통합을 지향함으로써 '전쟁과 평화'라는 구호나 정치적 이슈보다 개별 산업부문 간 협력에 대한 합의를 택한 것이다.(Mark Leonard, 24-25) 남북한이 무역 교류에 대해 협상을 먼저 한다면, 상호 간의 긴장과 분열을 완화시킬 수 있고, 남북 간 인적·물적 교류를 통해 전쟁 가능성을 감소시킨 후, 점진적으로 경제통합 내지 정치통합을 모색할 수 있을 것이다.

셋째, 유럽은 신기능주의에 입각한 협력가능한 분야별 통합정책을 수립하였다. 세계평화를 위해 비정치적 문제의 해결에 주력함으로써 궁극적으로 정치적 안정과 평화를 유지하는데 효과적이라는 '기능주의' 인식과 이것만으로는 목적 달성이 어려우므로 국가들을 구속할 수

강 생산을 통합하면 즉시 유럽연방의 첫 번째 단계인 경제적 발전을 위한 공동의 토대 형성이 보장될 것이고, 오랫동안 무기를 만드는 일에 바쳐졌던 분야의 성격이 바뀌게 될 것이다. … 그렇게 만들어진 생산의 연대성은 프랑스와 독일 사이에는 그 어떤 전쟁도 상상이 불가능할 뿐만 아니라 또한 전쟁이 물자적으로 불가능하다는 것을 주지시킬 것이다.…"

있는 초국가적 기구의 형성과 역할이 중요하기에 이를 위한 정치적 접근을 내세우는 '신기능주의' 인식을 병행적으로 활용하여 공동체를 형성하였다. 이는 남북경제공동체 형성과 관련해 정경분리 가능성, 파급효과성, 통합가능성 측면에서 시사점을 가질 수 있다. 즉, 남북통일 문제는 초기에는 정치적 이해와 분리하여 경제협력 중심으로 진행하고, 그 경험과 실적의 축적을 통해 효과를 파급하고 그 이후 경제통합 바탕 위에서 정치통합 단계로 나아가야 한다.(김용우·박경귀 2000, 26)

넷째, 법치주의에 기반한 통합체제를 구축하였다. EU의 가입 기준으로서 일명 '코펜하겐 기준(Copenhagen criteria)'은 △정치적 기준으로는 민주주의, 법치주의, 인권 및 소수자 존중, △경제적 기준으로 시장경제체제, △기존의 모든 공동체법(Community acquis; acquis communautaire)[17] 기준에 따라 EU의 다양한 정치·경제 및 통화 목표의 수용을 일컫는다.[18] 남북한은 정치체제와 이념이 다르기에

17) 기존의 모든 공동체법(Community acquis)이란 유럽공동체의 범위 내에서 전체 회원국을 기속하는 권리와 의무의 실체를 의미하며, 동 개념은 ① 조약의 내용, 원칙 및 정책적 목적, ② 조약을 적용하는 과정에서 채택된 법률 및 유럽사법재판소의 판례, ③ 유럽공동체 차원에서 채택된 선언 및 결의, ④ 공동외교안보정책의 영역에 속하는 입법 행위, ⑤ 사법 및 내무의 영역에 속하는 입법 행위, ⑥ 유럽공동체에 의해 체결되거나 공동체의 활동의 범위 내에서 회원국에 의해 체결된 국제협약 등을 포함하는 것이다. Acquis, https://eur-lex.europa.eu/summary/glossary/acquis.html

통일적인 법원칙을 도출하고 적용하는 데 있어 상당한 어려움이 있다. 그러나 중동부 유럽국가들의 EU 가입에서 시사점을 도출할 수 있을 것이다. 舊소연방의 붕괴 후 2007년 독립한 루마니아, 불가리아 등 중동부 유럽국가들은 EU 가입을 위해 정치경제의 구조를 민주주의와 자본주의 체제로 전환하였다. 즉, 경제적으로 절대 우위에 있는 남한이 북한에 대해 경제적 지원을 제공하면서 북한의 경제제도의 개선을 모색하고, 그 연후에 점차적으로 정치제도의 변혁을 유도함으로써 종국에 법치주의에 의거한 민주주의체제를 확립해야 할 것이다.

18) Accession Criteria(Copenhagen Criteria), https://eur-lex.europa.eu/summary/glossary/accession_criteria_copenhague.html

| 표 3 | EU의 통합 및 발전 과정

파리조약	로마조약	통합조약 (Merger)	셍겐조약	단일유럽의 정서 (SEA)
1952년	1958년	1967년	1985년	1987년
자유무역지대 (FTA, 1958)		관세동맹 (1968)		
1차통합 (2차 세계대전: 1939~1945년)		2차통합		3차통합/ 1차개정
• 유럽석탄 철강공동체 (ECSC) 발족 - 프랑스, 독일, 이탈리아, 베네룩스 3국	• 유럽경제 공동체 (EEC) 창설 • 유럽 원자력 공동체 (Euratom) 창설	• ECSC+ EEC+ Euratom 통합 • 유럽 공동체(EC) 통합 - 2009년 이래 현재는 EU만 존재O, EC는 존재X		• 제도적 측면의 유럽통합
• 모네구상 - 유럽통합의 아버지 (프랑스 정치가, 외교관) • 쉬망선언 - 독일-프랑스 화해 - 유럽 통합 - 프랑스 외무장관	• 관세동맹, 공동무역 정책 단일 (공동)시장 형성 추구 • 유럽 내 원자력의 평화적 이용 및 공동개발 추구	• 유럽통합의 본격적 추구 (유럽의회, 집행위원회 등 구성)	• 유럽공동체 국가들이 국경에서 검문, 신분 확인을 점진적으로 폐지	• 유럽경제 통합의 결정체 • 경제통합 가속화 및 정치통합 추진

유럽연합조약(TEU, 마스트리히트 조약)	암스테르담 조약	니스조약	유럽헌법조약(EU헌법조약)	유럽연합 개혁조약(리스본조약)
1993년	1999년	2003년	2004년	2009년
공동시장(1993)	경제통화 동맹(2002)			
4차통합/2차개정(독일통일: 1990년)	5차통합/3차개정	6차통합 4차개정	*법치주의+민주주의	*EU의 헌법적 문서
• 유럽연합(EU) 발족(1993) • 정치·경제적 통합 • 유럽단일 시장	• 화폐통합(2002)		• 새로운 법적 환경 조성 및 그 틀을 마련하기 위한 유럽 미래회의 개시(2002)	• 독일, 프랑스 새로운 조약 제안 • EU 회원국: 27개국 • 현재 위기: Brexit(2020), 테러, 난민 등
• EU - 정치적: 법치주의, 민주주의 - 경제적: 시장경제 체제 - 공동체법 • 3주 체제 - ECSC, EEC, Euratom (경제공동체) 구현	• 정치·사회 분야 통합을 위한 공동외교 안보정책 및 내무·사법 분야 통합 적극추진 • 유럽통합 본격추진을 위해 규정·절차 정비 - EU 법적근거	• 기구개편 문제 해결 • 긴밀한→고양된 협력	• 유럽헌법 제정 초안 서명 • 국민투표 부결(프랑스, 네덜란드) • 본격적인 정치통합 추진 • EU의 초국가성 관련 용어와	• EC 창설조약(TEC)→유럽연합 기능에 관한 조약(TEFU) • 리스본 조약의 주요내용 - EU 정상회의 상임의장직 신설 - 외교안보 정책 고위

유럽연합조약 (TEU, 마스트리히트 조약)	암스테르담 조약	니스조약	유럽헌법조약 (EU헌법조약)	유럽연합 개혁조약 (리스본조약)
- 공동외교 안보정책 (CSFP) - 사법 및 내무분야 (JHA)	마련 및 통합 관련 절차 규정		상징 등 삭제 • EU의 효율적 기능 강조	대표직 신설 - 의사결정 방식 변경 - EU에 독자적인 법인격 부여 - 유럽의회, 회원국 의회 권한 강화 등

※ 출처: 참고문헌을 종합하여 저자 작성

❙ 표 4 ❙ EU 통합의 남북연합에의 시사점

<table>
<tr><th rowspan="2">국가연합</th><th colspan="3">남북연합
추진 과제</th><th rowspan="2">남북연합
사법체제
(제도)</th><th rowspan="2">연방제/
연방국가</th></tr>
<tr><th>남북
연합
조약</th><th>남북
연합
기구</th><th>남북
연합
헌법</th></tr>
<tr><td>• 대표사례: 유럽연합(EU)
• 실패사례: 스웨덴-노르웨이
• 기타: 미국, 독일, 스위스 일시적으로 국가연합→최종 연방제
• 한정된 분야에 대해서 주권 이양
• 국제법상의 주체는 개별 구성국
• 외교와 국방권한을 각 구성국이 독자 행사</td><td colspan="3">• 남북이 개별적인 주권을 가짐
• 동시에 남북관계가 국제관계X, 민족 내부의 특수관계O
• 결합력 순서: 국가연합→남북연합→연방제/연방국가
• 남북연합은 결합력의 정도, 미래 통일국가성 등 다소 모호한 측면O
• 국제법상 연방제 vs 북한의 고려연방제 동일개념X
- 연방제는 이데올로기 및 사회주의와 무관</td><td>• 법의 존재형식(法源): (1차) 남북연합조약, (2차) 남북공동기구에 의해 채택되는 규정과 지침
• 남북연합조약과 남북한 국내법 간의 우위와 충돌 문제 해결
• 남북사법 재판소의 역할
• 남북공동기구 간 권한의 배분 원칙</td><td>• 대표사례: 미국
• 실패사례: 아랍(이집트-시리아), 舊소련
• 개별 구성국이 국가로 통일
• 국제법상의 주체는 연방국가
• 구성국 사이 외교관 파견X
• 다만, 주의회, 주정부, 주법원 가지고 상당한 자율권 행사하는 주체로서 성격 지님
• 국가연합→연방국가 사례O</td></tr>
</table>

※ 출처: 참고문헌을 종합하여 저자 작성

02 남북연합을 위한 추진 과제

(1) 「남북연합조약」의 체결

「유럽연합조약(Treaty on European Union, TEU; 마스트리히트조약, 1991)[19]」 관련 사안이다. 1980년대 중반 이후, EU 회원국들 간 정치와 외교 협력을 강화하고 독일통일과 냉전체제 붕괴에 따라 소련에 맞서 외교·안보 분야에서 일관성 있는 입장의 정립이 요구되었으며, 유럽공동체(EC)의 정책결정과정을 효율적·민주적으로 만드는 제도적 측면의 유럽통합이 1987년 「단일유럽의정서(Single European Act, SEA)[20]」를 통해 진전을 이루었다. 단일유럽의정서는 「로마조약(Treaty of Rome, 1957)[21]」의 일부 개정을 통해 '가중 다수결(Qualified

19) Treaty on European Union - Maastricht Treaty, https://europa.eu/european-union/law/treaties_en

20) Single European Act, https://europa.eu/european-union/law/treaties_en

21) Treaties of Rome: EEC and EURATOM treaties,

Majority)'을 채택하여 공동체의 정책 결정 과정을 보다 효율화하고 유럽의회(European Parliament) 입법권을 개선하면서 의회 권한을 강화시켰다. 「유럽연합조약」은 새로운 공동결정 절차의 도입, 유럽의회에 특정분야 관련 거부권 부여, 협력절차의 확대, 각료이사회의 의사결정 시 만장일치가 아닌 가중 다수결을 채택, 유럽재판소(European Court of Justice)의 판결 또는 유럽연합법(EU Law) 위반 국가에 유럽재판소가 제재를 가할 수 있도록 하였다.

한편, 유럽연합조약 체결 후, 유럽연합에서는 법·제도적 보장책이 실제로 작동될 수 있도록 기본권 보호의 법적 구속력, 법 해석과 집행의 통일성을 확보하고, Dispute Resolution Mechanism 등 전문적인 공식 분쟁 해결 메커니즘을 운영, 법적 안정성과 민주적 절차를 보장하였다. 또한 국제법과 국내법 간 조화 및 우선원칙을 확립해 법적 불확실성과 충돌을 최소화하는 효과를 발휘하였으며, EU는 유엔 등 국제기구와 협력하여 평화 유지 및 법적 안정성 확보에 기여하며 국제사회와 협력 체계를 통해 조약의 이행과 법적 기준 준수를 지원한다.

남북연합 관련해 법적 기초를 명확하게 만들기 위한 남북합의와 그 방식에 대한 고민이 필요하다. 법적 구속력이 없는 '선언(declaration)'보다 '조약(treaty)' 체결이

---

https://europa.eu/european-union/law/treaties_en

보다 적절할 것으로 판단된다는 점에서 동서독 통일과정의 「통일조약(Einigungsvertrag)」보다는 유럽연합을 출범시켰던 「유럽연합조약(마스트리히트조약)」과 법률적 형식 및 역사적 과정 면에서 성격상 유사성이 높다고 할 수 있다. 「남북연합조약」은 남북한의 국가적 정체성의 변화를 함축하며, 다양한 차원의 변화를 동반할 수밖에 없으므로 남북한의 국내법에 따라 비준동의를 반드시 거쳐야 한다. 「남북연합조약」의 주요내용은 남북한의 국가적 자율성과 독립성을 존중하는 전제에서 「남북기본합의서」 및 한반도 평화체제 관련한 사항을 기본으로 남북연합의 조직 및 기구, 외교·안보에서의 공동영역 설정, 경제협력 및 공동체 추진, 사회·문화적 교류·협력, 남북연합의 공동법제 창출 및 이행 등 해당 사항 관련된 부속합의서를 포함할 것이다.(이무철 외 2019, 213)

종합하자면, 유럽연합조약 관련 사안을 참고한 남북연합조약의 체결 관련 추진 과제로는 법적·정치적 지위와 권한 분배의 명확화, 공동 가치 및 기본 원칙 설정, 단계적 통합 및 다단계 통합 방식의 모델 도입을 통한 유연성 보장, 분쟁 해결 및 조정 메커니즘의 구축, 초국가적 기구 설립과 민주적 절차 보장, 국제법과 국내법 간 조화 및 상호 이행 보장, 사회적 합의와 지속적 참여 보장, 국제사회 협력 및 평화 유지 기여 역할 등이 될 수 있다.

(2) 남북연합기구의 설치 및 운영

「유럽연합조약」은 유럽연합의 핵심기구로서 경쟁 관계를 이루는 '각료이사회(Council of the EU)'와 '유럽의회(European Parliament)'에게 유럽연합의 중요한 정책 결정에 있어 동등한 행위자로서 영향력 행사 권한을 강화하였다. '집행위원회(European Commission)'는 전통적으로 유럽연합의 전체 이익을 대변하는 기구로 발전하는 반면, '각료이사회'는 회원국들의 국익을 보호하였다. 한편, '유럽의회'는 1986년 「단일유럽의정서」의 채택으로 의회의 권한을 확대해 「유럽연합조약」에 의해 결정권이 더욱 증대되었으며, 각료이사회 공동입장에 동의 또는 결정 보류가 가능한데 이 경우 법률로서 효력이 발생한다. 반면, 유럽의회 의원 대다수는 각료이사회 공동입장을 거부 또는 수정할 수 있다. 각료이사회는 유럽의회가 안건에 대해 결정을 거부할 시 조정위원회(Conciliation Committee)를 개최하여 의견을 조정하고 안건을 수정할 수 있고, 심의 이후 유럽의회는 조정안을 과반수로 거부하거나 수정안 제시가 가능하다. 수정안의 경우, 각료이사회는 집행위원회 동의 시 3개월 이내 수정안을 가중 다수결에 의해 통과시킬 수 있고, 집행위원회가 수정안 거부 시 각료이사회의 만장일치에 의해 수정안을 통과시킬 수 있다. 이 경우 법률안은 정식적으로 법률이 되나, 각료이사회가 수정안에 대해 동의하지 않는 경우 각료이사회 이사장과 유럽의회

의장은 조정위원회를 소집해 각료이사회는 가중 다수결로, 유럽의회는 과반수 동의로 수정안을 통과시킬 수 있으나 한 곳이라도 수정안을 부결하면 폐기된다.(김영훈 2020, 89-94)

물론, EU 주요 기구는 권한 배분의 불균형과 의사결정 과정의 투명성 및 합리성의 결여 등 EU 내부에서 민주성이 결핍되어 있다는 비판이 지속적으로 제기되어 왔다. 특히, 유럽연합조약(마스트리히트조약) 비준 과정에서 회원국 주권의 민주성 관련 비판은 유럽식 민주주의의 성립 여부에 관한 논의의 전환점이 되었다. 이를 계기로 EU 통합은 민주주의에 의거한 통합이어야 한다는 점을 분명히 부각하고 있다. 이러한 남북연합의 법적 과제를 위해 남북연합 추진 실무기구를 마련하는 것도 중요하다.

남북연합의 초기에는 '남북정상회의'와 '남북각료회의'의 역할과 기능이 강조되며 주된 합의가 도출되고 하위 집행기구에서 합의를 이행 및 실천하는 구도로 운영되겠지만, 남북연합이 점차 정착됨에 따라 입법기관인 '남북평의회', 집행기관인 '공동사무처' 및 여타 기구의 역할과 비중이 증대될 것이다.

한편, 남북한 간 현안의 복잡다기함을 감안해 남북각료회의 산하에 분야별 상임위원회를 설치하여 소관 업무를 전담하게 하는 방향으로 운영할 필요가 있다. 또한 남북연합기구의 권한, 인원 구성, 회기, 의사진행 방식, 의사결정 방식 등 별도의 세부합의서를 채택하고, 남북연합 단계에서는 남북한 주민들 간 또는 단체 간 각종 분쟁에 대비하여 분쟁조정기구를 설치하는 것이 필요하다.

| 표 5 | 유럽연합기구의 운영

<table>
<tr><th colspan="2">이사회</th><th rowspan="2">집행 위원회</th><th rowspan="3">유럽의회</th><th rowspan="3">유럽사법 재판소 (CJEU)</th><th rowspan="3">유럽회계 감사원 (ECA)</th></tr>
<tr><th rowspan="2">EU 정상회의</th><th>각료이사회 (EU 이사회)</th></tr>
<tr><th colspan="2">EU 상호 경쟁관계 → 유럽통합에 대한 상반된 입장</th></tr>
<tr><th>European Council</th><th>Council of the EU</th><th>European Commission</th><th>European Parliament</th><th>Court of Justice of the EU</th><th>European Court of Auditors</th></tr>
<tr><td>• EU 각국 정상 모임</td><td>• EU 회원국 분야별 각료 (장관)급 참석 회의</td><td>• 집행 위원장 및 집행위원
• 초국가적 기구</td><td>• 직접 보통선거 선출
• 초국가적 의회</td><td>• EU법의 이행 최종 보장</td><td>• 공동체 전반의 일반 예산에 대한 외부 감독</td></tr>
<tr><td></td><td>• 집행위의 제안을 심의·의결
• 최고 의사결정 기구
• 유럽연합 조약(TEU)으로 권한 강화</td><td>• EU의 행정부 역할 담당
• EU의 중심기구</td><td>• 집행위의 제안을 심의·의결
• 최고 의사결정 기구
• 유럽연합 조약(TEU)으로 권한 강화</td><td></td><td></td></tr>
</table>

이사회		집행 위원회	유럽의회	유럽사법 재판소 (CJEU)	유럽회계 감사원 (ECA)
EU 정상회의	각료이사회 (EU 이사회)				
	EU 상호 경쟁관계 → 유럽통합에 대한 상반된 입장				
European Council	Council of the EU	European Commission	European Parliament	Court of Justice of the EU	European Court of Auditors
			• 리스본 조약으로 영향력 강화		
• 전략적 지침 제시 및 정치적 추인	• 10개 분야, 의사결정 등 입법기능 위주	• 정책 입안 및 집행 등의 행정기능 위주	• 법안 심의 의결, 예산 및 입법 공동결정	• EU의 법질서 유지	• EU 회계 감독
• EU의 제도적·정치적 발전과 관련된 주요 정치·외교 사안 결정	• EU의 주요정책 결정 • 회원국의 이해관계 조정하는 정부간 협력체 (정치적 중요성) • EU의 공동외교 안보정책 수립 및 이행	• 유럽연합 관련 조약 수호 • 각종 정책 입안 • EU의 이익을 대표	• ECSC 총회(Assembly)→ EEC 총회 및 Euratom 총회와 통합→ 유럽의회로 개칭	• 상급심 기관: 사법 재판소 • 하급심 기관: 일반법원 • 법관+ 법무관	

※ 출처: 참고문헌을 종합하여 저자 작성

(3) 「남북연합헌법(통일헌법)」의 제정

헌법은 통일국가로서 대통령, 수상, 정부, 의회, 기구, 제도, 법률 등을 제정할 수 있는 것이다. EU 통합 사례를 볼 때, 2003년 유럽의 통합된 헌법 제정을 시도한 유럽헌법제정 초안이 프랑스, 네덜란드의 국민투표 부결로 실패하였다. 다행히 리스본조약으로 유럽의 통합은 계속되었지만 여전히 국가들이 자신의 주권을 양도하는데 조심스럽다는 것을 알 수 있다. 리스본조약의 비준 과정에서도 헌법 규정상 유일하게 2008년 국민투표를 실시한 아일랜드에서 동 조약안이 부결된 이후, EU 정상들이 아일랜드에 대해 국방·조세 분야에서의 중립성, 1국 1집행위원제 등 법적 보장을 제공한 결과 2009년 국민투표가 통과 및 비준될 수 있었다. 뿐만 아니라, 이후 유로존 위기, 브렉시트로 인한 영국의 탈퇴 등에 이르기까지[22] 지역 통합의 성공적인 사례로 대표되었던 EU의 사례는 우리에게도 시사하는 바가 상당하다.

EU 사례에서 남북연합헌법 추진 시 참고 가능한 사안으로는 국민적 합의와 공론화의 중요성, 단계적·유연한 권한 분배와 체제 구축 및 탈퇴 절차 규정, 헌법과 기존 법률 간 조화 및 법적 안정성 확보, 민주적 절차와 기본권

22) 2016년 6월 23일 영국에서 유럽연합(EU) 탈퇴 여부를 묻는 국민투표를 실시한 결과, 찬성 51.9%, 반대 48.1%로 절반 이상의 영국민들이 브렉시트(Brexit)를 선택했다.

보장 강화, 국제법과의 조화 및 국제사회 협력 명확화 등이다. 이는 EU 사례로부터 도출할 수 있는 법적·정치적 시사점으로 향후 남북연합헌법 추진 시 법적 안정성, 정치적 신뢰, 사회적 합의 확보에 있어 필수 요소에 해당할 것이며, 특히 국민 참여와 절차의 투명성, 단계적·유연한 체제 설계 등이 핵심 사안이라고 할 수 있다.

「남북연합헌법」은 남북연합의 제도화로서 남북정상회담에서 채택하여 국회의 비준동의 및 범국민적 지지 절차를 통한 발효가 필요할 것이다. 헌법의 주요 내용으로는 첫째, 통일 이전의 남북단계를 규율하는 대원칙인 '자주, 평화, 민주'의 3원칙을 명시하고 남북관계 발전 실천 원리를 제시해야 한다. 둘째, 남북연합기구, 즉 남북정상회의 남북각료회의, 공동사무처 설치 규정 등 남북연합기구의 구성 및 운영 원칙을 명시하는 것이 중요하다. 셋째, 분쟁의 평화적 해결, 무력의 불사용 등 민주적이고 평화적인 통일을 지향하는 점을 명시한다. 넷째, 남북연합과 구성국 정부 간의 관계, 특히 남북한의 주권성 보존과 남북한의 기존 법적 지위 유지 관련 내용이 포함되어야 할 것이다.

이 밖에도 남북연합의 법적 구속력 부여, 남북한 국회의 비준동의를 비롯한 구체적인 발효절차 규정, 남북연합 설치 이전에 체결된 남북 간 각종 합의사항의 유효성 확인 등 관련 내용이 명시되어야 할 것으로 사료된다.

이처럼 「남북연합헌법」은 국가연합과 연방국가의 중간 형태를 규정하는 법적 형식이라고 할 수 있다. 지난 2004년 유럽연합은 「유럽연합헌법」의 채택을 시도하였으나, 2007년 유럽연합 정상회의에서 「유럽연합헌법 제정 초안(Draft Treaty establishing a Constitution for Europe)」이 부결되었다. 이에 유럽연합의 초국가적 성격과 헌법기관의 특성을 드러내는 명칭과 상징을 삭제한 「유럽연합 개정조약(EU Reform Treaty; 리스본조약)」을 마련하여 비준을 완료하였다.[23] 유럽연합의 유럽연합헌법 채택 시도는 국가연합 발전 과정의 실패 경험에 해당한다. 그러나 유럽연합이 「리스본조약(Treaty of Lisbon)」을 통해 「유럽연합헌법」에 버금가는 통합력 제고를 이루어낸 역사는 우리의 연합제안과 북한의 낮은 단계 연방제안을 보다 역동적으로 발전시킬 수 있는 창조적 방안을 강구하는 데에 남다른 시사점을 제공할 것이다.

23) 외교부, 『유럽연합 개황』(2015); EU, https://europa.eu/european-union/about-eu_en

제4장

남북한 합의통일의 법적 가능성과 협의적 권력운영의 제도화[24]

24) 본 논문은 *Journal of North Korea Studies*, Vol4. No1.(2018/08)에 게재된 논문을 전재한 것이다.

01 서 론

대한민국 헌법은 평화적 통일사명과 함께 자유민주적 기본질서에 입각한 평화적 통일정책을 수립하고 이를 추진하게끔 규정하고 있다. 평화통일은 통일단계에서 충돌, 전쟁, 점령과 같은 폭력적인 방법이 아니라 투표, 협상, 합의 등과 같은 비폭력적이고 평화적인 방법으로 통일을 달성해야 할 것을 의미한다. 그러나 남북한 모두 평화통일을 내세움에도 불구하고 그 실제적 과정이라 할 수 있는 합의통일의 방법과 내용은 불분명하다. 현재 남북한의 통일방안을 보더라도 절차적으로는 단계적이며 점진적인 합의통일을 지향하고 있다.(노병만 2002, 13) 합의통일은 연방제에 가까운 것으로 인식하고 있는데 합의통일과 반대되는 흡수통일의 경우도 통일국가의 헌법에 대한 합의와 정치과정이 동반되어야 한다. 그런 점에서 합의통일이란 남북한이 상대방을 인정한 바탕에서 신뢰구축과 교류협력과정을 단계적으로 거쳐 통일단계에서 합법적, 제도적 장치를 조건으로 하는 통일을 의미한다.

그러나 평화통일의 구체적, 세부적 실천과정이라 할 수 있는 합의통일에 대한 연구와 논의가 어려운 것은 역사적으로 합의통일의 사례가 거의 없다는 점이다. 그리고 합의통일이 포괄하는 범위와 내용이 너무 광범위하고 추상적이기 때문이다. 평화통일은 합의통일의 과정적 측면을 말하는 것으로 평화통일이 되기 위해서는 실제적으로는 합의통일의 주체와 내용이 더욱 중요하다. 합의통일의 주체는 남북한을 대표해 권력을 위임받은 정치세력이 된다는 점에서 합의통일은 정치적 통일이며 통일 과정에서 남북한 사이의 법적, 제도적 절차와 과정 및 권력구조에 대한 합의가 가장 중요한 요소가 된다. 이처럼 통일의 구체적인 과정에서 남북 간 합의를 거쳐야 한다는 점에서 합의통일은 크게 보면 법적, 제도적 통일이라고 할 수 있다. 따라서 합의통일에 대한 연구는 통합에 있어 남북한 간 협력적 요소를 증진시키는 법적, 제도적 요소와 합의를 추진하는 주체인 남북의 정치행위자 간 전략적 계산과 선택을 동시에 강조하는 접근이 될 수밖에 없다.

그러나 남북한 합의통일과 관련된 기존 연구를 살펴보면 합의통일의 요소에 대한 논의에 앞서 현재 남북한의 통일방안에 있어 공통성을 발견하기가 쉽지 않고 합의통일이 구체적으로 무엇을 의미하는지, 어떤 과정을 거쳐야 하는지에 대해 불명확하다. 단지 남북이 서로의 주권을 실질적으로 인정하고 양측의 통일방안을 상호 수

렴적 관점에서 접근할 수 있다는 정치적 의지의 표명이나 남북 간에 약속한 기존의 합의문들을 근거로 통합의 법적 기초를 추출할 수 있는 근거를 마련하는 정도에 그치고 있다. 남북한 통합과정에 작용할 정치적 조건에 관한 연구에 있어서도 남북 당사자 차원의 과도적 접근방법을 제시하는 연구들과(양영식 1997; 서동만 2000) 반대로 남북한 통일정책의 분절점으로 인해 통일정책의 합의가 어렵다는 점을 강조하는 측면이 있다.(남궁영 2006) 물론 남북한의 통일방안에서 남과 북이 수렴할 수 있는 절충 가능성을 모색하는 연구가 없는 것은 아니다. 북한의 연방제 변화에서 남북한의 통일방안을 절충할 수 있는 가능성을 발견하고 연방제가 점진적이고 유연한 방안으로 변화되어 왔다고 보고, 이를 남북한 통일방안 절충의 기초로 보는 입장도 있다.(김근식 2003; 최완규 2002) 또한 2000년의 '6·15남북공동선언'에서 제2항의 합의사항은 남과 북, 공히 통일을 말하고 있지만 실제로 통일 의사가 있는 것은 아니라고 하면서도 동 조항이 '무결정의 결정'이라는 판단을 전제로 시간적 흐름에 따라 남북 간 통일 합의가 정당화될 수 있다는 전망도 있다.(박건영 2000) 법률적 측면에서 남한의 연합제와 북한의 '낮은 단계의 연방제'에 대한 비교를 통해 '6·15남북공동선언'의 1,3,4,5항의 실천이 결국 제2항에서 명시된 통일 지향의 이행을 위한 기반 조성이라는 의미를 지니고 있으며 그것이 남북한 헌법체계를 포함한 여타 조항의 이행을 촉진하는 법률적 역할을 수행한다고 평가하는 측면도 있다.(이승우 2010; 장명봉 2008; 제성호 2003) 한편으로는 통일의 관점보다는 분단을 안정적으로 관리할 것을 제안하는 정도로 통합조건 자체의 개발보다 분단 현상의 상호인정을 통한 평화 정착을 과도단계의 방안으로 제시하는 연구도 있다.

그러나 이상의 논의들은 이질적인 남북한의 이념과 체제를 극복할 구체적인 방안이 현재의 남북한 통일방안에는 부재하다는 측면에서 통합 가능성에 대해 근본적인 한계를 갖고 있다. 남북연합단계의 과도기적 통일과정과 연방제 통일방안에 내포된 공통 또는 유사요인을 어떻게 접목시키고, 차이점을 극복하느냐 하는 문제도 지적될 수 있다. 통일방안에 대한 기존 연구는 서로 다른 통일안의 단점과 한계만을 지적하여 한 방안의 우월성을 제시하는 경향이 많았다. 지나치게 거시적인 방향을 제시함으로써 구체적인 대안 제시에 한계를 보이기도 했다.

본 연구는 남북한의 공식적인 통일방안의 내용에 합의통일적인 요소와 내용이 있는지를 분석하고 합의통일과정을 통일헌법을 중심한 제도적 합의과정과 협의민주주의적 운영을 통한 권력공유의 제도화를 위한 협의민주주의적 접근을 통해 분석하고 있다. 그리고 합의통일을 위한 국제적 조건인 한반도를 중심한 제도적 평화 구축과정을 한반도평화체제의 국제적 성격을 중심으로 다루고 있다. 따라서 본문에서는 남북한의 통일방안에서 합의적 요소를 살펴보고 있으며 남한의 『민족공동체통일방안』과 북한의 『고려민주연방공화국창립방안』(연방제통일안)의 구체적인 내용 중 합의통일과 관련한 공통의 요소를 우선 살펴보고 있다. 이를 통해 합의통일을 지향점으로 현재 남북한의 통일정책에서 남북한 간 합의통일의 요소 및 내용 분석을 하고 있다. 그리고 합의통일의 원칙으로 통일기본법을 바탕으로 하는 통일헌법의 제정과 남북한 간 정치권력을 공유할 수 있는 제도적 성격을 협의민주주의적 관점에서 말하고 있다. 이어서 남북한 간 합의적 평화통일의 안정성을 보증할 국제적 조건으로 한반도를 중심한 평화체제의 내용을 중심으로 국제정치적 환경과 역할을 말하고 있다.

이를 통해 본 연구는 통일정책을 포함하는 통일문제 및 남북관계를 합의통일의 관점에서 접근하는 연구적 성격과 함께 정책연구의 의미를 지닐 수 있다. 급변하고 있는 동북아 국제정세의 움직임에 호응해 남북 간에 통합을 모색할 수 있는 합리적 정치과정과 제도적 통합의 모색을 통해서 평화적 합의통일에 의한 분단극복의 가능성에 접근하는 국내적, 국제적 환경 조성에 필요한 형식 및 구체적인 내용에 대한 이해에 도움을 줄 수 있다. 평화통일을 지향점으로 현재 남북한의 통일정책에서 남북한 간 합의통일의 요소에 대한 분석을 통해 남북한 정치통합과정에 대한 연구를 지향하고자 한다. 이를 통해 평화통일이 갖추어야 할 남북한 합의 형식과 정치적 내용을 살펴봄으로써 기존의 통일정책을 보완하거나 통일정책을 현실정치에서 실행하는 정책결정자와 정치 엘리트들의 역할을 말하고자 한다. 만약에 북미 간 비핵화 타협과 진정한 이뤄지면 향후 남북관계는 통일을 향한 남북 간 합의와 남북 정치 엘리트들의 상호 교류 및 협력이 활발해질 것으로 보인다. 그런 점에서 합의통일에 관한 논의는 평화통일의 방법에 대해 보다 구체적이고 세부적인 논의에 대한 시사점을 던져줄 수 있다. 또한 한반도를 둘러싼 국제환경에 있어서도 향후 북핵문제가 완전히 해결되면 미국이 남과 북에 대해 중립적 입장으로 변화할 가능성이 높기 때문에 본 연구를 통해 남북 정치세력 간 정치적 합의를 통한 통일가능성에 대한 예비적 고찰의 의미도 있다고 본다.

02 남북한 통일방안의 합의적 요소와 합의통일의 방향

1. 남북한 통일방안의 합의적 요소

남북한은 〈7·4공동성명〉과 〈남북기본합의서〉에서 서로의 체제를 인정하고 존중하기로 약속하고 있다. 구체적으로 〈남북기본합의서〉에서는 “남과 북은 서로 상대방의 체제를 인정하고 존중”(제1조)하며 “상대방을 파괴, 전복하려는 일체 행위를 하지 아니 한다”고 규정하고 있다. 2000년의 〈6·15정상회담 합의문〉에서는 “연합제와 연방제의 공통점을 인정하고 함께 노력 한다”는 합의를 도출한 바도 있다. 이러한 선언들을 통해 상대방을 흡수, 병합하겠다는 의도를 포기하고 단계적 통일을 이루자는 원칙을 대외적으로 천명했다. 남북한의 공식적인 통일방안인 남한의 『민족공동체통일방안』과 북한의 『고려민주연방공화국창립방안』은 평화통일을 원칙으로 하면서 통일단계 설정과 전제조건에 있어서 차이점이 있지만 남북 모두 점진적 평화통일을 지향하며 과도단계에서 남북한의 공존과 합의를 상정하고 있다. 특히 남한의 통일방안은 합의통일을 지향하면서 합의통일의 대상인 북한체제의 변화 가능성을 염두에 두고 있다.

현재 남북한 통일방안의 공통점으로는 일종의 국가연합제적 성격으로 남북한 현 체제를 그대로 유지하면서 남북 간 접촉을 증진시켜 나가자는 것인데 이는 대외적으로 남북한이 독립 국가를 유지함과 동시에 남북 간 정치수준에서의 통합논의를 일단 유보하고 실용적 접근을 먼저 시도하자는 것이다. 남북한이 통일로 나아감에 있어 일종의 중간단계라 할 수 있는 민족공동체의 형성을 위해 남한의 연합제는 중간과정으로 남북한의 공존공영을 도모하고 있다. 이것은 남북한이 하나의 민족으로 동질성을 회복하며 하나의 민족공동생활권을 형성하도록 노력한다는 것으로 유럽공동체적 관계와 그 성격이 비슷하다. 반면에 북한의 연방제는 종전에는 이러한 단계를 한반도에서 두 개 국가의 현실화라는 이유와 남북정상회담이나 각료회담이 남북연합단계에서 통일논의의 주체가 되는 반면에 민간 부분이 공식적으로 남북통일문제에 참여하지 않는다는 이유로 반대했다. 그러나 1990년대 이후 종래의 기존 연방제에서 한 단계 낮추어 낮은 단계의 연방제로 남한의 남북연합제를 수용한다고 볼 수 있다. 따라서 남한의 연합제와 북한의 낮은 단계의 연방제는 흡수통일을 배제하고 평화통일을 지향한다는 점, 통일의 과도적 단계적 성격, 국가연합과의 유사성, 민족통일의 지향, 남북 간 협의체 구성의 제안 등에 있어서 공통성을 갖고 있다.(최완규 2002, 29)

그런데 남한의 연합제와 북한의 연방제가 통일과정의 세부 단계 설정과 통일의 전제조건에 있어서 차이점을 지니고 있음에도 불구하고 서로 상대편의 체제와 이념을 인정하고 통일에 있어서 민주주의적 절차를 강조하고 있다는 점에서는 절차적 공통점을 지니고 있다. 특히 남북한 정치체제와 관련해 합의가 가장 어렵고 민감한 민주주의 원칙에 있어서 남한은 남북연합단계에서 민주적 방법과 절차를 거쳐 통일헌법을 제정해 민주공화제로 발전되어야 한다고 명기하고 있다. 남한의 공식 통일방안인 『민족공동체통일방안』은 1단계에서 남북 간 화해협력을 통해 경제·사회공동체를 형성하고 2단계의 과도기적 체제로 남북연합을 거쳐 3단계에서 민주적 통일헌법에 의한 남북총선거를 통해 통일된 단일국가를 완성하자는 것이다. 3단계에서 통일헌법을 바탕으로 1민족·1국가·1체제·1정부로 통일을 완성하자는 것이다. 북한의 연방제는 남한의 연합제만큼 통일과정의 단계를 구분하고 있지 않지만 통일과정에서 민주주의를 실시하고 민주주의적인 사회정치제도를 발전시킨다고 명기하고 있으며 민주주의와 함께 민족을 앞세워 다방면에 걸친 남북 간 상호 교류와 협력을 제안하고 있다. 그리고 남한과 마찬가

지로 북한 대표들로 구성되는 통일과정에서 필요한 남북한 간 통합조정기구들을 제시하고 있다.

따라서 남북한 공히 민주주의적 절차와 과정을 거쳐 평화적인 통일을 지향해야 한다는 점에서는 남북이 이론의 여지가 없다. 그런 점에서 합의통일은 남북한 모든 구성원의 자유 의지를 기반으로 하는 정치적 선택의 결과에 따른다는 것으로 합의통일은 입헌주의를 기본 원칙으로 해서 국민주권 행사의 민주주의적 절차에 의해 진행되어야 한다. 그러나 민주주의는 절차적, 제도적 민주주의가 현실 가능한 민주주의의 정의로서 보다 더 설득력을 가지고 있다. 민주주의는 사회와 국가를 구성하는 개인들에게 합법적 지배를 가능하게 하는 다수의 '동의'를 확보하는 것과 그것이 선거를 통해 정치적 '선택'을 할 수 있는 것으로 압축된다. 따라서 선거는 민주주의의 필수 전제조건이지만 선거 자체가 민주주의의 질적인 결과물을 자동으로 산출하는 것은 아니다. 이것은 민주주의가 결과 자체는 '불확정성'을 내포하기 때문인데 비교정치에 있어서 1980년대 확산되었던 정치변동인 권위주의정권으로부터의 민주주의로의 이행에서 나타나는 정치과정의 특징은 한마디로 '불확실성'과 '불확정성'이었다. 그런 점에서 보면 남북통합은 정치제제의 성격 변화의 차원에서 보면 북한 정권을 민주적으로 이행시키는 한 과정으로도 이해할 수 있다.(남광규 2014, 15) 그러나 그것이 남한의 자유민주주의로의 변화인지 아니면 북한 정치체제의 사회주의적 제도화를 포함하는 권위주의적 정권으로의 변화인지는 남북한 전체 구성원의 선택 결과가 나오기 전에는 불확실하고 불확정적이다. 단지 합의통일의 관점에서 남북의 정당들이 참여하는 다당제와 자유선거라는 형식과 절차에 있어서 민주적이면 자유통일의 형식이 될 수 있을 뿐이다. 즉, 통일과정에서의 자유로운 선택은 통일국가의 정치체제의 성격과 내용을 담보하는 것이 아니라 합의통일의 형식과 절차가 되는 것이다. 평화통일이 전쟁이나 무력적 분쟁의 부재라는 소극적 평화의 개념으로 받아들여지는 것이 현실적인 것처럼 합의통일은 통일국가의 정치체제의 내용보다는 합의통일로 이끄는 형식적 논리가 우선된다. 그러니까 합의통일은 자유민주적인 절차를 거치더라도 그것이 곧 자유민주주의 내용들을 담보하는 것은 아닐 수 있다는 점이다. 그런 점에서 합의통일이 가능하려면 남한보다는 북한 정치체제의 절차적, 과정적 민주주의가 선행되어야 한다는 점에서 합의통일 자체는 이미 정치적 다원주의를 담고 있다.

그런 점에서 1990년대 초 전 세계적인 냉전붕괴로 인해 분단 이후 80년의 시간이 흐른 지금 한반도의 분단에 영향을 미쳤던 국제세력의 구속력도 냉전 시기에 비해 약화되어 가는 과정에 있다. 또한 분단과 냉전, 6·25전쟁으로 인해 극단화된 이념적 대립도 적어도 남한에서는 많이 약화되어 현재는 좌우에 걸쳐 다양한 정치세력이 공존하고 있다. 민주화 이후 '1987체제' 하에서의 남한의 정치환경은 좌우 정치세력이 공존하면서 경쟁하는 양상을 보이고 있기 때문에 북한 정치체제의 민주적 변화가 진행되면 남북한 정치세력 간 접점도 높아질 수 있다. 남북한 공히 민주주의적 절차가 전제한 상태에서 평화통일에 대해서는 이론의 여지가 없기 때문에 합의통일은 정치체제의 이념적 내용보다는 민주주의라는 형식이 합의통일을 향한 남북한 정치 변동에 있어서는 더 중요하고 실질적인 내용이 될 수 있다.

2. 남북한을 당사자로 하는 법적, 제도적 합의

합의통일과 흡수통일의 가장 일반적인 구분 기준은 의사결정방식으로 자율적 의사에 따르면 합의통일이고 타율적 의사에 따르면 흡수통일이 된다. 의사결정방식이나 통일의 구체적 형태에 따라 합의통일과 흡수통일이 구분되지만 독일통일의 경우 결과적으로 서독의 동독에 대한 흡수통일이었으나 통일과정에서는 동독 주민이 자율적 의사에 따라 서독으로 편입한 것이기 때문에 일면 합의통일이라고도 할 수 있다.(조재현 2015, 255-256) 따라서 합의통일은 어떤 결과를 가져오든 남북한 전제 구성원들의 자율적인 의사결정을 기반으로 하는 통일을 의미한다.

현재 우리 헌법도 "평화적 방법에 의한 통일" 방식을 규정하고 있기 때문에 어떤 경우든 법적 절차를 거치기 위해 북한의 대표자와 교섭해야 한다. 양측의 평화적 합의에 의한 통일만이 합헌적이라는 논리가 제기될 수 있다. 이것은 어떠한 통일의 형태이든지 통일의 법적 절차를 거치기 위해서는 북한의 위임대표자들과 교섭해야 하는 점에서 모든 통일은 형식적으로는 합의에 의해야 한다. 논리적으로 보면 통일국가를 만드는 남북한의 헌법통합은 그 모델을 남한 헌법이나 북한 헌법에 두는 것이 모두 가능할 수도 있다.(김승대 2010, 138) 극단적으로 볼 경우 만약 북한의 정치세력이 합의통일을 주도할 경우 중국이나 베트남과 같은 정치체제로의 통일도 불가능한 것은 아니다.

따라서 남북연합단계 혹은 낮은 단계 연방제의 마지막 단계에서 제정될 수 있는 통일헌법에 근거해 실현될 통일국가의 체제적 성격은 남북연합단계에서 나타날 남북한의 정치적 변화를 바탕으로 한 남북한 정치세력의 합의에 의해 구체화될 수 있다.(박기덕 1995, 365) 그것은 통일국가의 헌법적 체제의 구성과 이를 실행하는 정치권력의 창출로 정치적 경합의 과정을 거치지 않을 수 없다. 따라서 남북연합의 3단계에서 정치엘리트간의 정치적 합의를 바탕으로 통일국가의 헌법적 체계를 구성해 나갈 수밖에 없을 것이다.

따라서 합의통일은 연방주의에 기반한 북한의 통일방안과 기능주의에 기반으로 하는 남한의 통일방안이 남북연합의 마지막 단계에서 정치적 합의를 모색하는 신기능주의적 방향으로 수렴될 수 있다는 점을 말한다. 이 단계에서 통일의 당위성 보다는 남북통합이 가져다 줄 상호이익의 요소가 어떻게 절충될 수 있느냐가 더 중요하다는 것이다. 신기능주의가 구가 및 사회단위의 통합과정에서의 이익집단, 정당, 국제조직과 같은 정치권력의 역할을 강조하는 것처럼(Hass 1958, 13) 여기서 중요하게 고려될 요소는 남북 정치엘리트들의 의도적인 통일 만들기와 외부적 국제환경이 될 수 있다. 따라서 실제 통일의 진행은 통일방안의 합의에 의한 방식보다는 통일과정의 역동성에 의해 진행될 가능성이 높다.(김근식 2003, 165)

물론 합의통일의 경우 이질적인 남북한의 정치체제를 어떻게 조율할 것인가가 가장 큰 문제인데 현재의 남한의 자유민주주의와 북한의 인민민주주의가 공존하는 것은 현실적으로 불가능하다. 그런 점에서 합의통일에서 통일국가는 단일국이나 연방국 모두가 가능하지만 운영은 연방제에 가까운 통일형식이 될 수 있다. 합의통일을 위해서는 상대방을 존중해야 하므로 합의통일의 경우에는 '1국 2체제'에서 출발해 '1국 1체제 2연방제'로 정착될 수도 있다. 따라서 합의통일 과정에서 남한은 자유민주주의 내에서 사회성을 강화하는 방향으로의 헌법 개정으로, 북한은 사회주의에서 개인성을 강화하는 방향으로의 체제변화와 헌법적 변화가 가속화될 수 있다. 합의된 통일헌법의 가치도 합의의 대상이 되어야 한다. 그렇기 때문에 북한을 당사자로 하는 합의통일이 가능하려면 북한체제의 민주화와 그에 따라 북한 주민이 주체가 되는 새로운 헌법 제정이 전제되어야 할 것이다.

따라서 합의통일을 위한 첫 번째 전제조건은 북한의 변화이다. 독일통일의 경우도 동독의 체제변혁과 동독 주민의 선택에 의해 통일이 가능했듯이 북한체제의 변화와 북한 주민의 자유 보장이 통일의 시발점이 된다.(박종철 2011, 3) 현실적으로 합의통일은 북한체제의 변화를 바탕으로 가능하기 때문에 수령체제의 근본적인 변화가 수반되어야 한다. 북한체제가 국제사회에 들어오고 통치방식도 수령절대주의가 아니라 당을 중심으로 한 좌파정당으로 제도화되어야 한다. 북한의 경제적 개혁·개방과 함께 형식적이라도 정치적 자유화 등과 같은 변화가 발생해야 평화적 합의방법에 의한 남북통일이 가능하다. 현재의 시점에서는 김정은 집권 이후 점진적으로 추진해오고 있는 정상적인 사회주의국가로의 변화와 대외적인 정상국가로의 모색이 더 가속화되는 상황을 상정할 수 있다. 만약 남북연합단계로 남북관계가 진전되면 북한은 주체사상을 정치이념에서 분리시켜 북한식 민족주의 사상으로 정립할 수도 있을 것이다.

그렇기 때문에 합의통일의 시기에는 남북의 정치체제와 제도가 혼재하면서 공존되는 상황이 될 가능성이 높다. 경제는 사회적 성격을 강화한 자유경제를 바탕으로 할 수 있지만 통일국가의 정치적 성격은 제도화된 규정 속에서 남북한의 다수가 지지하는 집권당이나 혹은 집권연립정부가 주도하는 방향으로 진행될 수 있다. 추가적으로 통일이 갖는 민족주의적 정서의 고양으로 인해 남과 북이 민족주의적 성격이 강한 방향으로의 체제통합이 진행될 가능성도 높다. 그럴 경우 민족의 개념을 앞세워 남북한 체제의 이질성을 보충적으로 방향으로의 정치통합이 진행될 수도 있다.

예를 들어, 통일의 방식이 합의통일이냐 아니면 흡수통일이냐에 따라서 토지소유권의 재편방향에 영향을 미칠 수 있다. 남한으로의 흡수통일 경우에는 대한민국의 법에 따라 북한의 토지소유권이 원상회복되거나 금전적인 보상이 중심적인 해결방안이 될 수 있다. 그러나 합의통일의 경우에는 분단 후 북한이 시행한 모든 조치가 적법하게 되므로 원상회복 및 금전보상은 인정될 수 없다.(명순구 2004, 190) 그런데 이런 부분은 이미 현재 우리의 헌법에도 일정 정도 반영되어 있다. 헌법 제 119조 1항은 "대한민국의 경제 질서는 개인과 기업의 경제상의 자유와 창의를 존중함을 기본으로 한다"고 규정하면서도 2항은 "국가는 균형있는 국민경제의 성장 및 안정과 적정한 소득의 분배를 유지하고, 시장의 지배와 경제에 관한 규제와 조정을 할 수 있다"고(헌법 제119조 1항) 규정하고 있다. 사유재산제와 자유경쟁의 존중을 기본으로 하면서도 이에 수반되는 갖가지 모순을 제거하기 위한 사회적 시장경제질서의 성격도 일부 띠고 있다. 이는 국가가 일정하게 개입하여 소득 분배와 경제민주화를 위한 정책을 입안하기 위한 조치로 해석된다. 합의통일의 경우 이러한 내용이 북한 지역에 적용될 수도 있다. 그런 점에서 통일에 앞서 남북경제공동체의 형성이 통일과정에서 겪게 될 제체 갈등을 완화시키고 수렴시킬 수 있는 매개적 역할을 수행할 수 있다.

03 합의통일의 기본 형식인 통일헌법과 권력공유의 제도화

1. 통일헌법의 제정

합의통일은 남북 사이에 새로운 통일헌법이 제정되어야 하며 이를 바탕으로 하는 법적 통일에 의해 통일이 완성된다. 합의통일은 법에 의한 지배와 통치가 이루어지는 법치주의가 기본 원칙이 된다. 합의통일은 법적으로 보면 남북한 당국 간의 통일합의서의 체결과 그 인준을 위한 남북한 내부의 법적 절차를 완료함으로써 완성된다. 따라서 통일헌법의 제정을 위한 전 단계로 통일기본법을 미리 준비함으로써 평화통일과 합의통일의 규범적 일체성을 정립할 필요가 있다. 통일의 법적 절차는 남북간에 〈통일합의서〉 체결과 인준을 통해 이루어진다. 〈통일합의서〉는 남북한 각각의 헌법개정절차에 따라 발효시키고 〈통일합의서〉의 발효에 따라 남북한에 모두 실효성을 가지는 통일헌법의 제정을 통해 하나의 헌법체제로 수렴하게 된다.(조재현 2015, 267) 〈통일합의서〉는 통일이행절차로서 통일헌법 제정을 위한 중요한 요소이다. 합의통일을 한 예멘과 흡수통일을 한 독일 모두 통일과정에서 합의서를 체결해 법제도의 통합을 달성했다.(이효원 2011, 7) 통일과정에서 남과 북이 통일에 합의하는 〈통일합의서〉을 통해 새로운 통일국가의 창설과 조직에 관한 기본원리 등을 규정하게 되는데 그 내용은 곧 통일국가의 헌법적 사항을 의미하게 된다.(정만희 2015, 214) 〈통일합의서〉는 남북한 각각의 〈통일합의서〉는 기본적으로 남북한 간의 국민적 합의를 기반한 헌법적 통합조건과 방식을 다루어야 한다.(김종세 2008, 72) 따라서 남북 전체 민족구성원이 통일 이전 남북 각각의 기본질서와 다른 형태의 헌법 질서를 원하거나 최소한 양자가 함께 헌법제정 권력을 행사하여 하나의 헌법 하에 통일되기를 바랄 경우 통일헌법의 제정으로 나가야 한다.(김선택 1998, 374-375) 통일헌법의 기본 원리는 특정 국가형태를 전제하지 않기 때문에 남북한 주민의 주권적 의사에 따라 단일국가나 연방국가를 선택할 수 있다.(이효원 2014, 38)

그런 점에서 2000년의 남북정상회담에서 합의한 5개항의 공동선언 중 2항인 "남과 북은 나라의 통일을 위한 남측의 연합제 안과 북측의 낮은 단계의 연방제안이 서로 공통점이 있다고 인정하고 앞으로 이 방향에서 통일을 지향시켜 나가기로 하였다"의 내용이 남북한 정치적 합의에 의한 통일과정의 가능성을 언급한 것으로 볼 수 있다. 그런데 남북한의 체제가 다름에도 불구하고 연방제와 연합제에 공통점이 있다는 것은 논쟁이 될 수밖에 없다. 긍정적인 해석에 따르면 고정된 통일의 형태보다는 남북 정치행위자들의 선택과 조정, 창조라는 정치적 역동성의 중요성을 재확인해 주었다는 점을 들고 있다.(양길현 2007, 176) 이것은 연합제나 연방제의 공통성이 통일방안에 있다는 것이 아니라 통일과정원칙과 통일접근방식에 있다는 것이다.(김근식 2003, 170) 그러나 국가연합이나 낮은 단계의 연방제는 통일로 가는 과도적 조치에 불과하기 때문에 합의통일에 있어서 남북한 사이의 민주성을 높이기 위해서는 통일헌법의 제정에서 다양한 권력분산장치를 마련할 필요가 있다.

그런 점에서 합의통일의 실제 사례로 1차 통일에서 나타난 예멘식 통일을 살펴보지 않을 수 없다. 예멘식의 협상통일은 남북한 정치엘리트들의 의식구조, 전쟁 휴유증의 정도, 남북한 국민들이 가지고 있는 상대방에 대한 신뢰도 측면에서 볼 때, 단기적으로는 불가능하지만 장기적으로 쌍방의 이익실현을 위한 제도적 보장의 측면에서 가장 실현가능성이 높은 합의통일모델이다.(박기덕 1995, 348) 현재 남한의 통일정책 기조도 단계적 통일과 협상에 의한 통일인데 이것은 실상 예멘식 통일에 가깝다. 예멘은 새로운 헌법에 따라 남북예멘이 합의한 합의

통일로 남북 예멘은 1989년 11월 30일 아덴에서 남북예멘 정상이 만나 통일기본서라 할 수 있는 통일정부에 대한 협정을 체결했다. 통일협정의 주요 내용은 예멘통일 헌법을 남북 예멘의회에서 비준받기 위해 6개월 이내에 제출하고 비준 후 6개월 이후에 국민투표에 부칠 것, 여러 분야의 공동행정부처의 업무를 촉진할 것, 공동정치 조직위원회를 구성해 예멘의 정치적 장래에 관한 계획을 수립할 것 등이다.(김용욱 2006, 282) 남북 예멘은 1990년 4월 19일에서 22일까지 '예멘공화국 선포 및 과도기 조직에 관한 합의서'에 서명했다. 남북예멘은 1990년 5월 26일자로 완전히 통일하고, 30개월의 과도기를 거쳐 총선거를 실시해 단일국가를 수립하기로 했다. 새 헌법에 대한 국민투표가 실시되어 98.3%가 새 헌법에 찬성하였다. 통일예멘의 국가조직은 대통령평의회, 의회, 국무원, 사법부로 구성되었다. 최고 통치기관인 대통령평의회는 북예멘 출신 3인과 남예멘 출신 2인으로 구성되었다. 통일 후 북예멘의 국민회의와 남예멘의 예멘사회당은 차기 총선까지 잠정적으로 연합하여 집권당의 역할을 하게 되었다.(민족통일연구원 1992, 92-95)

예멘은 통일국가이념을 공화주의·민족주의·민주주의로 정했다. 대통령제·의회와 행정부 및 사법부의 3권 분립을 기조로 하는 자유민주체제에 가까운 정부를 구성했다. 남북 예멘이 공통으로 하고 있는 이슬람을 모든 입법의 근원으로 대의제민주주의와 직접민주주의를 도입했다. 경제적 기본질서는 국가경제원칙은 사회 및 생산관계에 관한 이슬람 사회정의, 기본생산시설을 소유할 수 있는 공공부분의 설립, 공공이익과 법률에 따른 공정한 보상이 없는 사유권 침해의 금지, 강력하고 자립적인 국가경제의 건설 및 사회주의적 관계의 보장을 담았다.

그러나 예멘의 과도정부는 국민 다수의 의사를 반영하지 못했다는 점이 총선 결과 밝혀졌다.(민족통일연구원 1993, 132) 1992년 11월 22일 이전에 실시하기로 되어 있는 총선은 결과에 따라서는 사회당의 사활이 걸린 문제였다. 통일협상 당시부터 인구가 적은 남예멘에 의존해야 사회당측이 과도기를 최대한 연자하자고 요구한 것은 총선에서의 승산을 우려했기 때문이다. 당시 남예멘의 판단에는 통일의 과도기를 이용해 북예멘의 지지기반을 확대할 수도 있다는 계산이 깔려 있었다. 북예멘의 국민회당은 1993년 4월 27일 선거에서 46%를 얻어 제1당의 위치를 계속 유지하게 되었으나 남예멘의 사회당은 북예멘의 개혁당에 눌려 3당으로 전락하였다. 어느 당도 과반수 의석을 확보하지 못한 관계로 거국내각의 구성과 대통령위원의 선출을 3대당간의 원만한 합의 없이 당장 처리할 수 없게 되었다.(민족통일연구원 1994, 34-38) 따라서 예멘통일의 경우 남북한의 통일정부의 권력배분에 세심한 주의를 기울여야 하다는 교훈을 준다. 예멘과 같이 남북예멘이 권력을 기계적으로 분배해 서둘러 통일정부를 수립할 것이 아니라 남북한이 국가연합 등을 통하여 과도기적으로 두 개의 정부를 유지하는 상태에서 통일추진 기구를 설립하고, 이를 중심으로 선거를 실시하여 다수당 중심의 단일 정부를 수립하는 것이 바람직하다.(민족통일연구원 1993, 124)

통일독일의 경우 서독의 기민당은 1990년 3월 18일 동독 최초의 자유선거에서 기본법 제23조에 의거해 편입에 의한 통일방식을, 사민당은 기본법 제146조에 의한 단계적 통일방식을 제시하며 동독 국민들에게 그 선택권을 주었다. 이에 동독 국민들은 제23조에 의한 편입식 통일방식을 스스로 선택했다.(박영호 2001, 18) 동독 최초의 자유총선거를 통해 동독공산당 후신인 민사당은 3당으로 전락하였고 '급속한 통일'을 공약한 우파연합의 독일연맹이 집권했다.(박영호 2001, 18) 이를 바탕으로 1990년 5월 "화폐, 경제 및 사회통합을 위한 조약"체결을 시작으로 선거조약(Wahlvertrag)과 통일조약(Einigungsvertrag), "2+4협정"과 같이 조약과 협정에 의해 독일통일은 완료되었다.(정용길 2013, 473)

2. 협의민주주의 운영을 통한 권력공유의 제도화

앞서 통일헌법 제정은 정치적 경합의 과정을 거쳐야 하기 때문에 남북한 정치세력 간 이합집산의 역동적 과정이 통일국가의 헌법체계를 구성해 나갈 수밖에 없다. 물론 이전의 과정에서 통일국가의 최소한의 체제적 기본 성격에 합의하면서 남북한 정치세력이 생존할 수 있는 권력 구조에 합의하는 것이 필요하다. 따라서 합의통일은 통일 이후 남북한 정치 엘리트들의 정치 참여가 보장되는 방식으로 진행된다. 그런 점에서 합의통일은 통일 시기 남북한의 정치과정에서 주요 정치세력들 사이에 협의민주주주의(*Consociational Democracy*)적 요소가 논의될 가능성이 높다. 협의민주주의는 사회경제적 갈등을 민주적 정치제도의 틀 내에서 효과적으로 통제할 수 있는 조건이나 방식과 정치적, 경제적 위기환경에 효율적으로 대응할 수 있는 전략과 정책을 에 대한 탐구를 다루고 있다. 특히 분열적 정치문화에 대응하는 정치엘리트들의 협력적 행태가 정치안정의 중요한 요소임을 강조하고 있다.(Lijphart 1969, 3-40) 협의민주주의는 사회의 균열적 요인을 인정한 상태에서 타협 가능한 변화를 통해 통합을 모색한다는 점인데(Talor 1990) 이때 중요한 것은 경쟁하는 정치엘리트들에 대한 최소 이익의 보장이다. 이것은 남북한의 정치세력들이 통일국가의 주도권을 잡기 위해 경쟁하지만 패배했다고 하더라도 정치활동의 자유와 이후의 정치적 경쟁에 참여할 권리가 보장되어야 한다는 것이다. 그리고 일정 정도의 지지를 받는 정치엘리트들에게도 비례적 권력이 주어져야 한다.

이것은 다수제 원칙하에 합의제를 포함하는 형식으로 운영이 가능한데 구체적으로 다당제를 보장하는 비례대표제, 대통령 전횡을 막을 수 있는 삼권분립, 다수결 원칙을 약화시킬 수 있는 양원제 등을 대표적으로 들 수 있다.(한병진 2015, 233) 따라서 의원내각제적 운영이 남북한 합의통일에 있어 보다 더 합의가 용이한 권력구조가 될 수 있으며 구체적으로는 통일정부는 연립내각 형태로 운영될 가능성이 높다. 따라서 국가연합단계 혹은 낮은 단계연방제 하에서 통일국가의 정부형태 및 권력구조가 논의될 가능성이 높다. 그럴 경우 남북 사이에 인구 격차가 2배 이상에 이르고 의회를 통하여 남북 사이의 이질성을 극복하여야 한다는 점을 고려한다면 하원은 보통·평등·직접·비밀·자유선거에 의하여 구성하고, 상원은 평등선거보다는 지역대표성을 고려하여 구성하는 것이 바람직하다는 점에서 통일헌법의 의회는 양원제가 바람직하다.(성낙인 2014, 11) 그런 점에서 합의통일의 권력 구조는 스위스연방 권력구조와 유사한 형태가 될 수 있다. 스위스연방의 권력구조 특징은 집행권 분점, 동등한 지위와 권한을 가진 상하 양원, 비례대표제와 다당제, 연방제, 소수자 거부권이다.(전지훈 2015, 111-122) 민주적 성격이 부족하고 정치적 안정성이 부족한 것이 오히려 합의통일에 유리할 수 있다. 이것은 소수의 거부권을 법률적으로 보장하는 것이고 압도적인 정치권력의 배제를 의미한다.

권력구조에서 합의제적 요소를 살릴 수 있기 위해서는 북한 지역의 이익을 대변할 수 있는 정당 참여와 같은 의원내각제나(이승우) 2010, 236, 244-245) 이원집정제처럼 행정부 권력의 공유를 모색해 볼 수 있다.(성낙인 2007, 478-480) 의원내각제가 적합하다는 주장은 의원내각제 권력분점을 실현할 수 있으며 북한지역에서 등장하는 정치세력의 의사를 안정적으로 반영할 수 있다는 점이다. 또한 통일 시기에도 지역을 기반으로 하는 다당제가 예상되므로 통합의 정치를 실현하기 위해서는 의원내각제가 적합할 수도 있다. 무엇보다도 의원내각제가 합의통일과정에서 남북 간의 협상과 합의를 쉽게 할 수 있다는 것이다.(박수혁 2010, 42; 허경 1996, 23; 이승우 2010, 244) 혹은 합의민주주의와 같이 권력분점과 집단합의제를 유지하는 것이다. 정부 각료들은 양원합동회의에서 선출하며 협의회로서의 연방내각이 국가원수이면서 집행부의 수반이 되도록 하는 것이다. 권력분점과 정치적 공존을 제도화 하는 것이다.(선학태 2006, 98-100) 세 가지 요소로는 소수자의 핵심적 이익을 보호하기 위한 장치로서의 상호 거부권 또는 공동다수, 의사결정 과정 또는 공직 임명등에 적용되는 비례성의 원칙, 분절적 하위공동체들이 가지는 고도의 자율성을 들고 있다.(Lijphart 1977, 50-51)

그런 점에서 합의통일은 가장 중요한 역할을 하는 행위자는 정당이 되기 때문에 통일 이전 단계에서 남북 정당의 교류가 활발하게 진행될 수 있다. 남한의『민족공동체통일방안』도 통일국가 완성 단계로의 이행은 남북 의회대표들의 협상에 의존하는 방식을 규정하고 있다. 남북연합제 기구들 중 남북평의회가 남북한 대의기구로 100명 내외의 남북 동수의 국회의원으로 구성된다. 남북평의회는 남북각료회의에 자문하고, 통일헌법 기초, 통일 실현의 방법과 구체적 절차를 마련한다.(이수석 2007, 191) 북한의 연방제도 남북한 정부, 정당, 사회단체 및 해외동포의 참여와 협상을 민족통일정치협상을 통한 통일방식을 규정하고 있다. 따라서 통일과정이 시작되었을 때 의회가 통일을 추동하면서도 한편으로 의회의 역할이 통일헌법을 벗어날 수 없도록 한계를 미리 정할 필요도 있다.

독일의 사례를 보아도 통일과정을 주도한 행위자는 의회와 정당이었다. 전후 서독 안보의 기본 틀을 구축한 아데나워의 기민당(CDU) 정부는 독일은 민주주의와 자유시장경제를 바탕으로 통일되어야 하는 기본 원칙을 수립했다. 기민당 아데나워정부의 친서방 외교정책과 사민당 브란트정부의 '1민족 2국가론'에 기반한 신동방정책이 배경이 되었다.(민족통일연구원 1996, 16-19) 이것이 빌리 브란트총리의 동방정책으로 실천되어 헬무트 콜 총리 때

소련과 동구권 변하의 시기에 통일기회를 잡아 성공시켰다. 그런데 독일통일 과정에서 정당 역할은 동서독 주민들의 의사를 대변하면서 주민 선택에 정치적 정당성을 부여해 통일독일의 체제안정에 도움을 주었다.(민족통일연구원 1996, 23) 따라서 합의통일의 경우 정부 역할만이 아니라 다양한 통로를 통해 비정부조직과 민간기구들의 역할이 함께 요구된다. 실제 서독 사민당의 대동독교류는 1987년 동독 공산당인 사회주의통일당(SED)의 관리 하에 있던 동독정부와 공동백서에 합의하는 단계까지 이르렀다.(민족통일연구원 1996, 12) 따라서 독일의 경우도 통일이 되기 전 1980년대 이후 서독의 기민당, 사민당(SPD)은 공산주의를 반대하나 동독과의 교류를 수행해 나가는 과정에서 간접적으로 동독 공산당과의 접촉도 이루어졌다. 사민당의 대동독교류는 1987년 동독 공산당 사회주의통일당(SED)의 관리 하에 있던 동독정부와 공동백서에 합의하는 단계까지 이르렀다. 자민당(FDP)이 경우에는 동독 공산당의 위성정당이지만 동독자민당과의 구체적인 교류가 있었다.

04 한반도를 중심으로 한 제도적 평화구축과 통일문제의 '한반도화'

남북관계가 평화통일을 향한 합의통일로 진행되려면 우선 북핵문제가 해결되고 한반도에 진정한 평화가 정착될 수 있는 제도적 장치가 구축되어야 한다. 이와 함께 주한미군 지위문제가 해결되면 평화통일은 남북한의 정치문제로 대두할 것이며 앞에서 살펴본 것처럼 남북한의 합의에 따라 통일헌법의 제정과 남북총선을 거쳐 통일정부수립이 가능할 것이다. 남북한 합의통일에 있어서 중요한 보장은 한반도를 중심으로 한 국제정치의 안전과 평화보증에 대한 역할과 기능이 중요하기 때문에 한반도 평화체제의 구축 이후에 남북연합이 구성될 수 있다. 현재 남북관계는 국제법적으로 휴전상태인 정전체제로 향후 한반도 및 동북아의 항구적인 평화 및 군사안보적 안전을 위해서는 실효성 있는 평화체제로의 전환은 필요한 수순이라고 할 수 있다. 그런데 다른 국가들의 평화협정을 통한 평화체제 구축은 그 자체가 전쟁을 방지하는 목적이지만 한반도와 같은 분단국의 평화체제는 통일을 지향하는 성격을 띠고 있는 과도기적 의미를 갖고 있다. 즉, 민족분단을 해소하여 통일로 가는 디딤돌로서 한반도의 평화체제가 의미 있다.(이수석 2007) 동북아 관련 국가들 간의 다자회담은 평화체제 구축의 시작으로 볼 수 있으며 다자간 대화채널의 확보로 북한을 개방으로 유도해 낼 수 있는 기능을 함께 기대할 수 있다. 독일통일도 서독이 유럽연합의 일원임을 확실히 하고 미국을 중심으로 소련, 영국, 프랑스의 협력을 이끌어 내었기 때문에 가능했고 예멘의 경우도 아랍연맹의 지원이 외적 통일의 외적 환경을 조성했다.

이것은 한반도의 '평화적 관리'를 제도화하는 것인데 첫 단계에서 가장 중요한 과정이 바로 한반도가 평화체제로 정착되는 것이다. 그런 점에서 한반도 평화체제의 구축과정에 있어서 중요한 것은 북한주민들의 인권개선이 북핵문제 해결과 함께 가야 한다는 점이다. 왜냐하면 한반도 평화체제의 기본 구조는 군사안보적 평화보장과 함께 한반도 내 기본적인 인권보장이 함께 갖추어져 나가야 하기 때문이다. 과거 유럽에서의 냉전 종식과 동유럽 변화를 가져오는데 기여한 유럽판 평화체제라고 할 수 있는 유럽의 〈헬싱키프로세스〉도 '하나의 유럽'이라는 공동의 안보보장과 함께 구소련 및 동유럽 국가들에 대한 인권개선이 함께 진행되었던 것이다. 유럽의 신뢰 및 안보구축조치, 신뢰구축조치, 유럽재래식 무기감축조치에 대한 감시체제는 유럽의 안보와 평화를 증진하는데 혁혁한 공로를 세웠다. 남북간의 대결상태를 종식하고 협력적 관계를 정립하기 위해서는 남북관계를 규제하고 일정한 방향으로 발전을 유도할 규범, 규칙, 기관, 제도의 설립이 중요하다.(민족통일연구원 1995)

따라서 남북한 협의통일에 있어서 중요한 보장은 한반도를 중심으로 한 국제정치의 안전과 평화보장에 대한 역할과 기능이다. 과거 남북, 북미 간에는 1974년의 '7·4남북공동성명,' 1991년의 '남북기본합의서,' 1992년의 '한반도비핵화에 관한 공동선언,' 1994년의 '제네바 북미합의,' 1990년대 후반의 4자회담의 모색, 2002년의 '6·15선언,' 2005년의 '9·19공동성명' 등 정전체제를 일종의 평화체제 상태로 대체하기 위한 일련의 시도가 있어 왔다. 2007년의 '2.13합의'로 이어지는 일련의 과정에서도 북한 핵문제가 6자회담의 틀 내에서 논의되면서 핵문제 해결 모색과 함께 한반도에 평화체제 구축에 대한 관심과 논의도 공론화 되어 왔다. 그런 점에서 남북한 합의통일이 가능한 국제적 환경은 한반도를 중심으로 한 국제정치의 안전과 남북한의 분쟁을 막기 위한 평화보장에 대한 역할과 기능을 할 수 있다. 남한의 통일방안은 통일 궁극적으로는 기능적 현상통합의 성패와 원활 여부에 달려 있다고 본다. 이 점에서 남한의 통일정책이 기능적 통합론에 그 이론적 기조를 배경으로 하고 있다. 여기서 기능적 현상

통합은 구체적으로 제도화를 통한 한반도의 '평화적 관리'를 의미한다. 여기에 도달하는 첫 단계에서 가장 중요한 과정이 바로 한반도가 평화체제로 정착되는 것이다. 여기에는 미국을 비롯한 주변국들의 협조가 필수불가결하다.

그런데 지금까지 제기되거나 논의되었던 한반도 평화체제 논의의 주요 쟁점과 차이점에 대한 이해로 평화체제의 법적 구속력과 실제, 평화협정 당사자문제와 주한미군 문제 등이 논의될 수 있다. 그리고 한반도 평화체제의 국제적 보장과 관련한 형식 및 내용에 있어 정전협정 조인국인 미·중의 보장, 6자회담을 발전시킨 한반도문제 관련 동북아 국가의 보장 혹은 (가칭) 아시아 안보공동체, 혹은 유엔의 보장 등도 필요할 수 있다. 동북아는 안보 개념이 모호하고 통합적 조직규범이 없으며 위협을 가하는 존재에 대한 합의가 부재하기 때문에 다자안보체제나 협력체제가 불가능한 것으로(Johnson 1993, 26-27) 판단되고 있다. 그러나 한반도 평화체제의 구축과정이 동북아안보협력체제의 초기 형태가 될 여지가 있다. 평화체제 구축단계는 몇 가지 유형으로 나눌 수 있다. 3단계 방안은 정전체제유지, 불가침부속합의서 실행, 남북평화협정 혹은 정전체제 유지가 있을 수 있다. 군사적 안정성 확보, 남북합의서에 근거한 평화체제 전환, 평화체제 공고화의 3단계 전체구도도 생각할 수 있다. 4단계방안은 정전체제의 정상화, 긴장완화와 군비통제 단계, 정전체제의 평화체제로의 전환, 남북한 군사통합방안 및 동북아 다자간 안보체제구축을 제시할 수 있다.(이기종 1999, 47-48)

북한이 국제사회에 들어오면 동북아 관련 국가들은 남북한에 대해서 공통적으로 개별적 국가이익을 추구하면서 한반도 문제를 평화적 수단을 통한 남북한 당사자 차원으로 인정할 수 있다. 결국, 중요한 변화는 기능적 역할을 주변 강대국들이 하고 정치적 역할은 남북한 당사자에 달려있게 되는 구조로 변화될 가능성이 높아지는 것이다. 한반도 주변의 어느 국가도 평화적 방법을 통한 남북한의 자발적인 선택을 비토할 수 없게 될 것이기 때문에 궁극적으로는 남북한 문제의 '한반도화'가 이루어질 것이다. 이러한 기반 위에서 남북한이 모두 참여하는 형태에서 비평화적인 수단만은 피하면서 남북관계가 진행되면 결국에는 '한반도문제의 한반도화'로 진행될 가능성이 높다.

제5장

결 론

남북한은 분단 이후 정전협정 체제 하에서 북한의 핵 실험 및 미사일 도발에 따른 국제사회의 대북제재와 국내외적 정치지형의 변화에 따라 한반도의 평화 정착을 위한 노력을 지속해 왔다. 한반도 정세는 2018년 평창 동계올림픽을 계기로 〈4.27 판문점 선언[25]〉, 관련국 간 정상회담 그리고 〈3차 평양 남북정상회담〉등에 이르며 남북대화가 급속도로 진행된 바 있으나, 2018년 〈6.12 하노이 북미정상회담〉 결렬 이후 한반도의 평화 정착 논의가 사실상 답보상태에 머물러 있다.

이처럼 남북관계 개선을 위한 노력이 지속되었음에도 불구하고 급변하는 대내외 환경 변화 속에서 북한의 두 국가 선언까지 이어진 오늘날, 한반도의 평화통일을 요원하게 만드는 현 상황을 극복하기 위해서는 기존의 남북관계에서 진일보를 이룰 수 있는 남북연합을 포함한 여러 옵션에 대한 더욱 적극적인 고민이 필요하다. 그 시작점으로서 이제는 남북관계의 제도화를 통해 보다 안정적인 발전을 도모할 수 있도록 남북연합의 추진 방안 등 관련 논의를 본격적으로 활성화해야 할 시점이다.

평화적 합의통일은 법적으로 보면 남북한 당국 간의 통일합의서의 체결과 그 인준을 위한 각각의 내부적 절차를 완료함으로써 완성된다고 볼 수 있다. 그렇기 때문

25) 2018년 4월 27일 제3차 평양 남북정상회담에 따른 「한반도의 평화와 번영, 통일을 위한 판문점 선언」, 남북정상회담, https://www.koreasummit.kr/Summit2018/Performance

에 통일국가는 남북한의 이질적인 법체계를 극복하여 하나의 법체제 아래에 놓음으로써 가능한 것으로 법률적으로 남북한의 통일은 남북한의 헌법체제의 통합을 전제로 한다. 그런 점에서 합의통일과정에 있어서는 남북한 정치과정에 협의민주주의적 요소가 자연스럽게 논의될 수 밖에 없다. 합의통일은 외적으로는 한반도를 중심으로 한 동북아 국제정치의 안전과 평화보장과 관련된 주변국가들의 역할을 필요로 한다.

향후 남북 간 통일방안에 대한 논의 시, 남북교류와 협력이 제도화되는 사실상의 남북연합이 진행될 대내외 환경이 조성될 가능성이 높기 때문에 합의통일과 관련한 논의도 본격화될 수 있다. 그럴 경우 앞에서 살펴본 것처럼 합의통일은 남북한 모든 구성원의 자유 의지를 기반으로 하는 정치적 선택의 결과에 따라야 하기 때문에 입헌주의를 기본으로 국민주권의 원칙에 의해 민주주의인 과정으로 진행되어야 한다. 그러나 합의통일의 체제적 성격은 실질적으로 남북연합단계에서 나타날 남북한의 정치적 변화를 바탕으로 한 남북한 정치세력의 합의에 의해 통일국가의 헌법체계를 구성해 나갈 수밖에 없다. 합의통일은 통일헌법 제정을 중심으로 한 법적 통일과 권력구조의 합의에 의해서 진행될 가능성이 높기 때문에 합의통일의 가능성과 함께 평화통일의 구체적 내용을 담기 위해서는 현재의 헌법과 통일정책에 대한 보완이 필요하다.

그런 점에서 현재 남한의 통일방안은 평화통일과정의 남북 간 정치과정에 대한 내용이 갖추어져 있지 않고 남북연합단계에서 향후 통일국가의 형태에 필요한 내용이 제시되어 있지 않다는 문제점이 있다. 현재의 통일정책을 포함해 통일을 전제한 논의보다 통일에 대비한 통일과정 전반에 걸친 헌법적 검토가 필요하다. 따라서 헌법을 개정할 경우 〈통일합의서〉와 같은 통일헌법적 장치의 마련과 절차를 미리 반영해 둘 필요도 있다. 개정 헌법에 통일국가의 성격과 관련된 정치체제와 이념에 대한 최소합의와 통일과정에서 정당의 역할에 대한 규정도 마련할 필요가 있다.

그리고 합의통일이 북한 주민을 대표하는 북한정권 대표자들과의 협의를 거쳐야 한다는 점에서 통일과정에서 자유민주주의나 법치주의와 같은 헌법적 기본 질서를 통일헌법에 일치시켜야 한다. 그럴 경우 남북한이 합의하는 합의통일의 기본 규범인 〈통일합의서〉가 통일헌법의 내용을 실제 규정하기 때문에 한다는 점에서 북한 내 헌법체계의 변화가 수반되어야 한다. 합의통일은 북한 주민의 동의를 구하는 것으로 보편가치의 논의는 현재의 수령절대체제 아래서는 불가능하기 때문이다.

본 연구는 남북연합의 법적 쟁점과 추진 과제를 유럽연합의 통합 사례를 통해 고찰하였다. 유럽연합의 통합과 한반도 통합은 정치, 경제, 역사 등 여러 측면에서 상황이 많이 다르기에 해당 사례를 남북한 통합에 그대로 적용하기에는 한계가 있다. 그러나 유럽연합의 통합이 진전되어 온 지난 80년간 유럽 역내 지역에서 단 한 차례의 전쟁도 발생하지 않은 가운데, 경제적 발전을 이룩하였을 뿐만 아니라 유럽 전역에 자유민주주의와 법치주의를 촉진시켜 왔다는 점은 남북한 간의 협력에 있어 중요한 교훈을 제공한다. 유럽연합의 통합은 유럽석탄철강공동체(ECES), 유럽경제공동체(EEC), 유럽원자력공동체(Euratom), 유럽공동체(EC), 단일유럽의정서(SEA), 유럽연합조약(TEU), 리스본조약 등을 거치며 법·제도적 뒷받침을 통해 이루어졌다. 남북연합의 경우에도 「남북연합조약」의 체결과 남북연합기구의 구성을 통해 실현 가능할 것이다. 물론, 남북연합의 추진을 위해서는 정전체제의 평화체제로의 전환과 관련한 제반 문제에 대한 별도의 심화된 논의도 추가적으로 필요하다. 이 밖에도 남북연합의 법적 과제로는 북한과 협상 시, 남북연합기구 구성 및 운영의 법적 성격, 남북연합기구 대표권에 관한 의사결정구조, 남북평의회 결정 및 남북각료회의 관련한 국내법적 효력 등이 있다. 남북한 통합으로 이뤄질 남북연합은 한반도 평화체제의 구축을 통해 종국적으로 완성될 한반도 평화체제, 통일한국의 실현을 앞당기는 데에 결정적인 전환점이 될 것이다.

참고문헌

참고문헌

김근식(2003). "연합과 연방 : 통일방안의 폐쇄성과 통일과정의 개방성 : 6·15 공동선언 2항을 중심으로." 『한국과 국제정치』 제19권 제4호 통권 제43호, 155-176.

김선택(1998). "헌법과 통일정책." 제1회 한국법학자대회 논문집.

김승대(2010). "헌법개정과 남북한 통일."『공법연구』제39집 제2호, 135-154.

김용욱(2006), "예멘과 독일의 통일사례 비교와 시사점- 통합 합의과정 및 통일방식을 중심으로." 『한국정치외교사논총』제28집 제1호, 257-296.

김종세(2008). "한국의 통일방안을 위한 헌법적 접근 : 국민적 합의를 기반으로 한 대북정책을 중심으로." 『공법학연구』제9권 제1호, 61-83.

남궁영(2006). " '국가연합'과 '낮은 단계 연방제' : 쟁점과 과제." 『세계지역연구논총』 제24집 3호, 89-113.

남광규(2014). "남한의 '3단계 통일방안'과 북한의 '연방제'에 있어 정당 역할."『국제문제연구』봄호, 1-28.

노병만(2002). "남북한의 통일방법모델과 통일방안의 재검토." 『한국동북아논총』제7권 제4호 통권 제25집, 3-22.

민주평화통일자문회의사무처(1994).『남북연합 형성 방안』. 서울: 민주평화통일자문회의.

민족통일연구원(1996).『통일과정에서의 정당역할 연구』. 서울: 민족통일연구원.

민족통일연구원(1995). “한반도 평화체제 구축방안 모색.” 서울: 민족통일연구원.

민족통일연구원(1993).『예멘 통합 사례연구』. 서울: 민족통일연구원.

민족통일연구원(1992).『예멘 통합 사례연구』. 서울: 민족통일연구원.

명순구(2004). “통일후 토지소유권의 재편방향-소유권회복의 장애.”『고려법학』 제42호, 서울: 고려대 법학연구원, 187-211.

박기덕(1995). “남북한 정치적 통합모델의 모색.” 박기덕·이종석 편,『남북한 체제비교와 통합모델의 모색』. 성남: 세종연구소,

박건영(2000). “3단계 통일론과 남북정상 합의 추진방향-‘연합제’와 ‘낮은 단계의 연방제’간의 공통성 인정 문제를 중심으로.” 한국통일포럼 국내학술회의.

박수혁(2010). “통일한국에서의 통일헌법상 통치구조에 관한 연구.”『통일과 법률』제 2호, 27-49.

박영호. 2001.『남북한 평화공존과 대북정책』. 서울: 통일연구원.

박종철 외(2011).『통일대비를 위한 국내과제』. 서울: 통일연구원,

서동만(2000). “남북한 통일방안의 접점 : ‘남북연합’과 ‘낮은 단계의 연방제’.”『통일로』145권, 24-33.

선학태(2006). “남북한 통합국가 모형 - 스위스 ‘콘코르단츠’ 민주주의적 접근 -.” 『민주주의와 인권』제6권 제2호, 75-106.

성낙인(2014). “통일시대를 대비한 헌법과 통일법의 과제.” 『세계헌법연구』제20권 2호, 1-19,

성낙인(2007). “통일헌법상 권력구조에 관한 연구.”『공법연구』제36집 제1호, 453-490, 이기종(1999). “남북한의 한반도 평화전략과 평화체제 구축과제.”『통일정책연구』8권1호, 19-54.

이수석(2007). “한국의 연합제 통일방안에 대한 연구.”『국제정치연구』제10집 2호, 185-204.

이승우(2010). “남북통일에 대비한 헌법 개정의 필요성과 방향.” 『공법연구』제39집 제2호, 231-253.

이완범(2001). “한민족공동체 실현을 위한 남북 통일방안의 접점 모색.”『정신문화연구』제24권 제3호 통권84호, 31-66.

이효원(2014). “통일헌법의 제정 방법과 국가조직.”『Seoul law journal』제55권 제3호 통권 제172호, 31-66.

이효원(2011). “남북한 통일합의서의 법적 쟁점과 체결방안.”『법조』제60권 제11호 통권 제662호, 5-57.

양길현(2007). “다시 보는 연합제-낮은 단계 연방제.”『북한연구학회보』제11권 제2호., 173-196.

양영식(1997).『통일정책론 : 이승만 정부로부터 김영삼 정

부까지』. 서울: 박영사,

장명봉(2008). "남북한 헌법체제의 비교와 통일헌법의 지향점 및 과제." 『공법연구』제37집 제1-1호, 195-219.

정만희(2015). "통일헌법을 위한 단계적 헌법개정." 『동아법학』제66호, 205-252,

정용길(2013). "독일 통일과정에서의 동서독관계와 남북관계에의 시사점."『저스티스』통권 제134-2호, 466-482.

조재현(2015). "통일의 과정과 통일합의서에 관한 연구." 『동아법학』제66호, 253-280.

전지훈(2015).『통일국가의 정부형태: 스위스와 같은 합의제(合議制) 정부형태 구현에 관한 검토』. 서울: 고려대학교 대학원 석사학위논문.

제성호(2015). "『민족공동체통일방안』의 보완·발전 방향 모색."『전략연구』제22권 제3호 통권 제67호, 5-34.

제성호(2003). "남북합의서에 대한 국내법적 효력부여문제 : 국제법상 조약의 개념과 우리 헌법과의 관련성을 고려하여." 『통일논총』제21호, 89-117.

최완규(2002). "남북한 통일방안의 수렴가능성 연구 : 연합제와 낮은 단계의 연방제."『북한연구학회보』제6권 제1호, 5-35.

채형복(2007). "남북한 통일·통합 방안의 모색 : "남북평화경제공동체"."『법학논고』제26집, 307 330.

한병진(2015). "탈공산 유럽국가를 통해 본 통일헌법: 협의적 민주주의의 필요성을 중심으로."『유럽 연구』제33권 1호, 229-250.

허경(1996). "내각제개헌의 당위성."『공법연구』제27집 제3호, 20-33.

황인태(1995). 『통일정책론』, 서울: 국제평화연구소.

Arend Lijphart(1997). *Democracy in Plural Societies*. New Haven and London: Yale University Press.

Arendt Lijphart(1969). "Consociational Democracy." *World Politics* Vol.21(1969),

Chalmers Johnson(1993). "Rethinking Asia," *The National Interest* No. 32,

Ernst B. Hass(1958). *The Uniting of Europe*. Stanford: Stanford University.